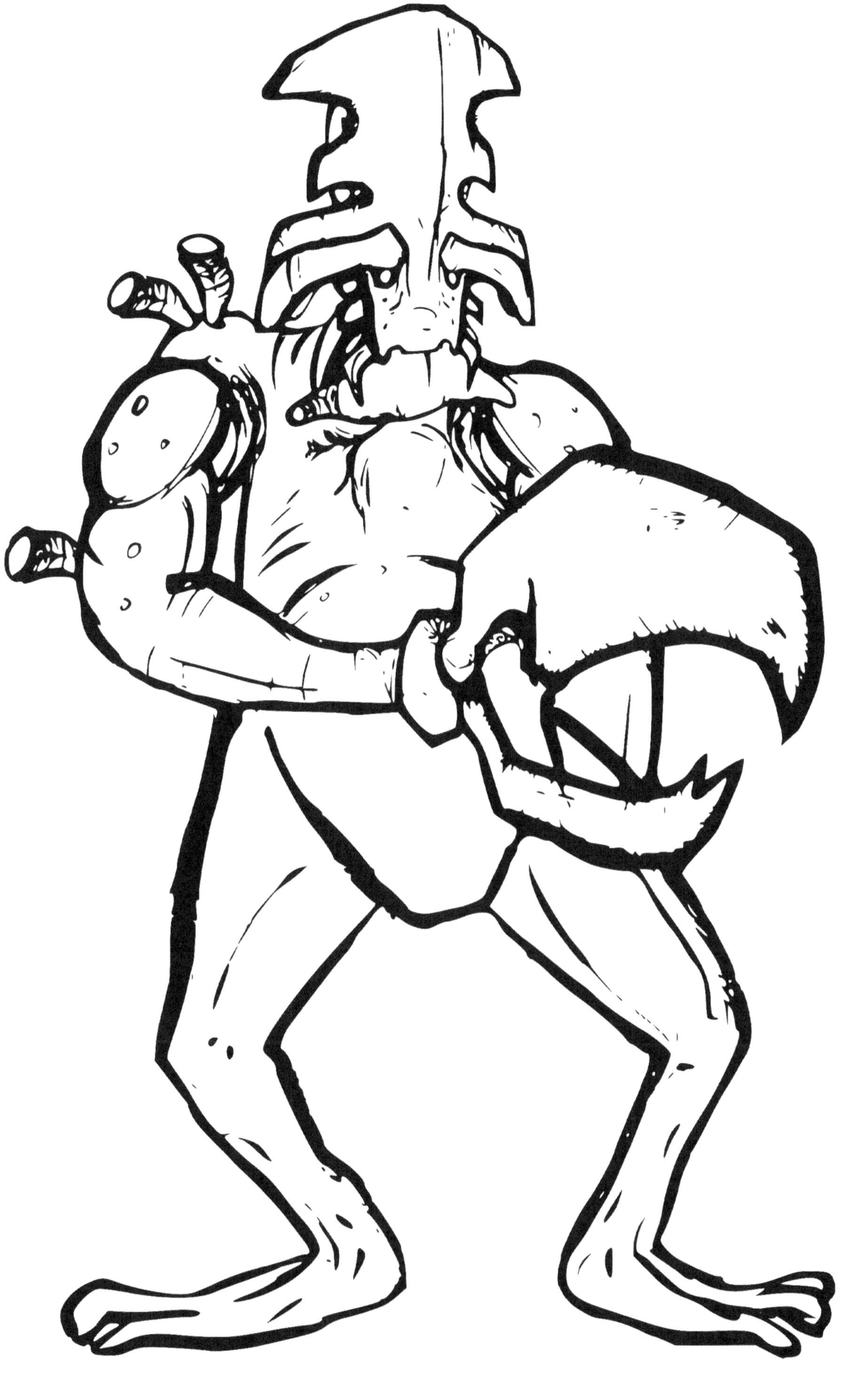

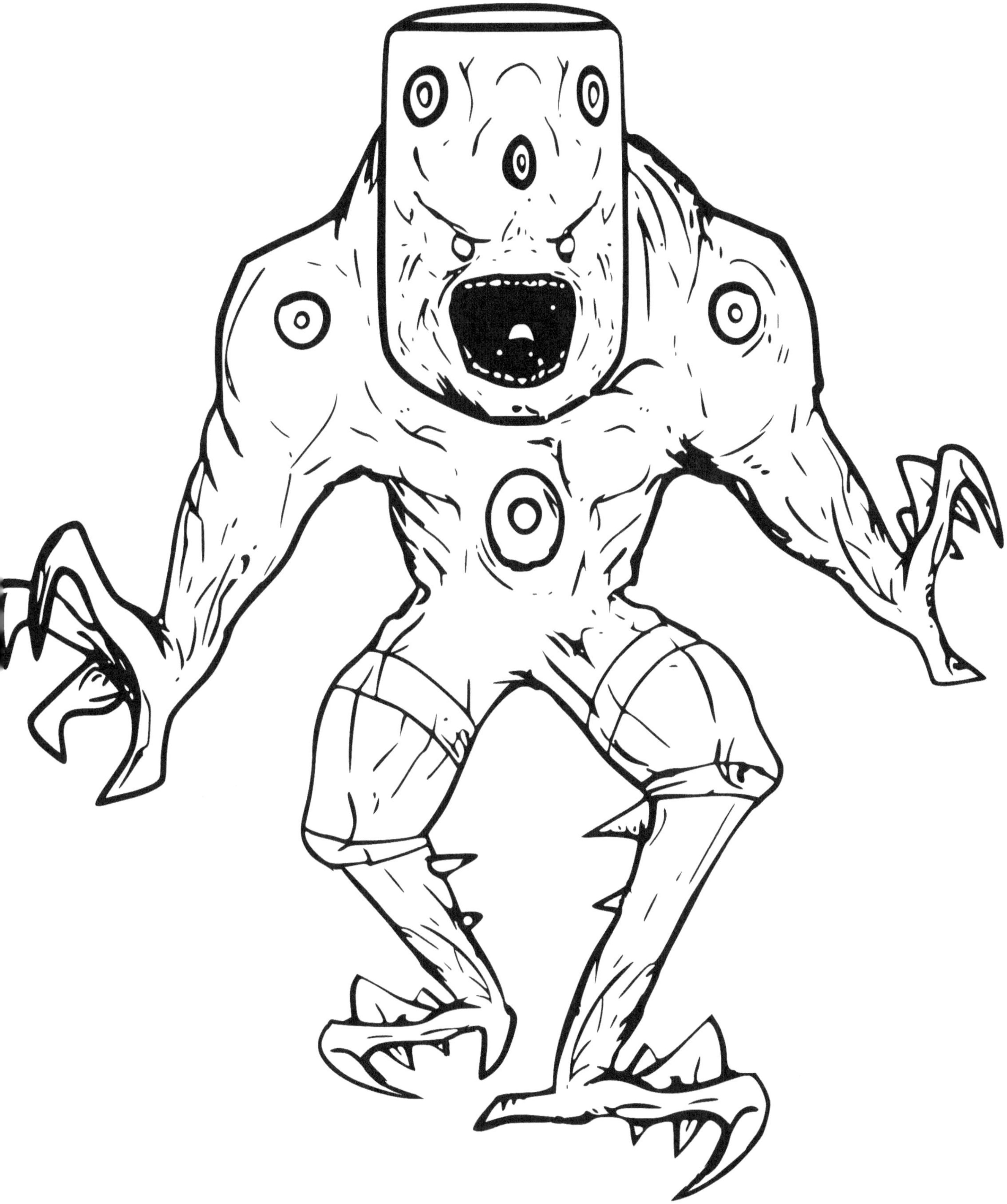

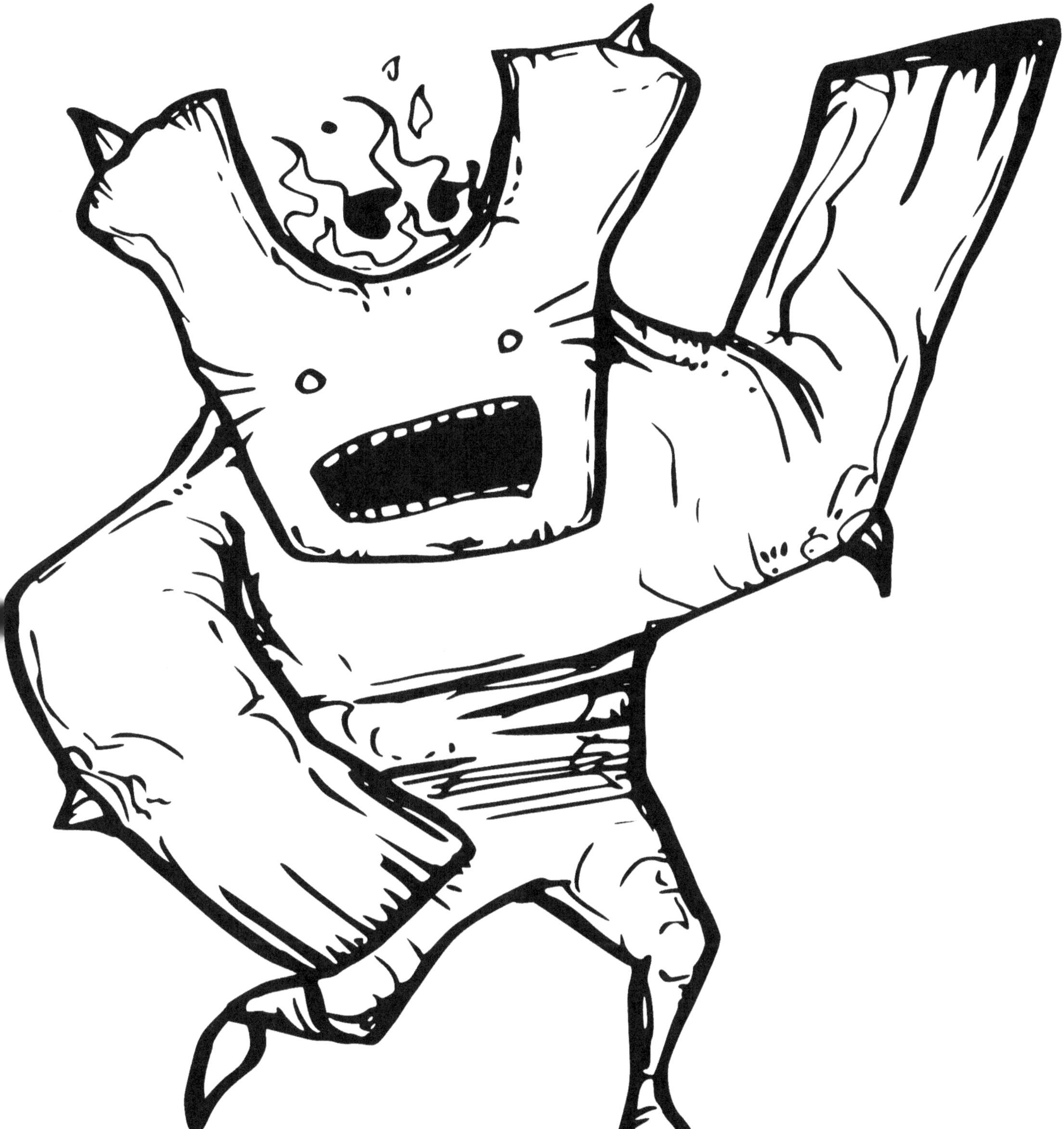

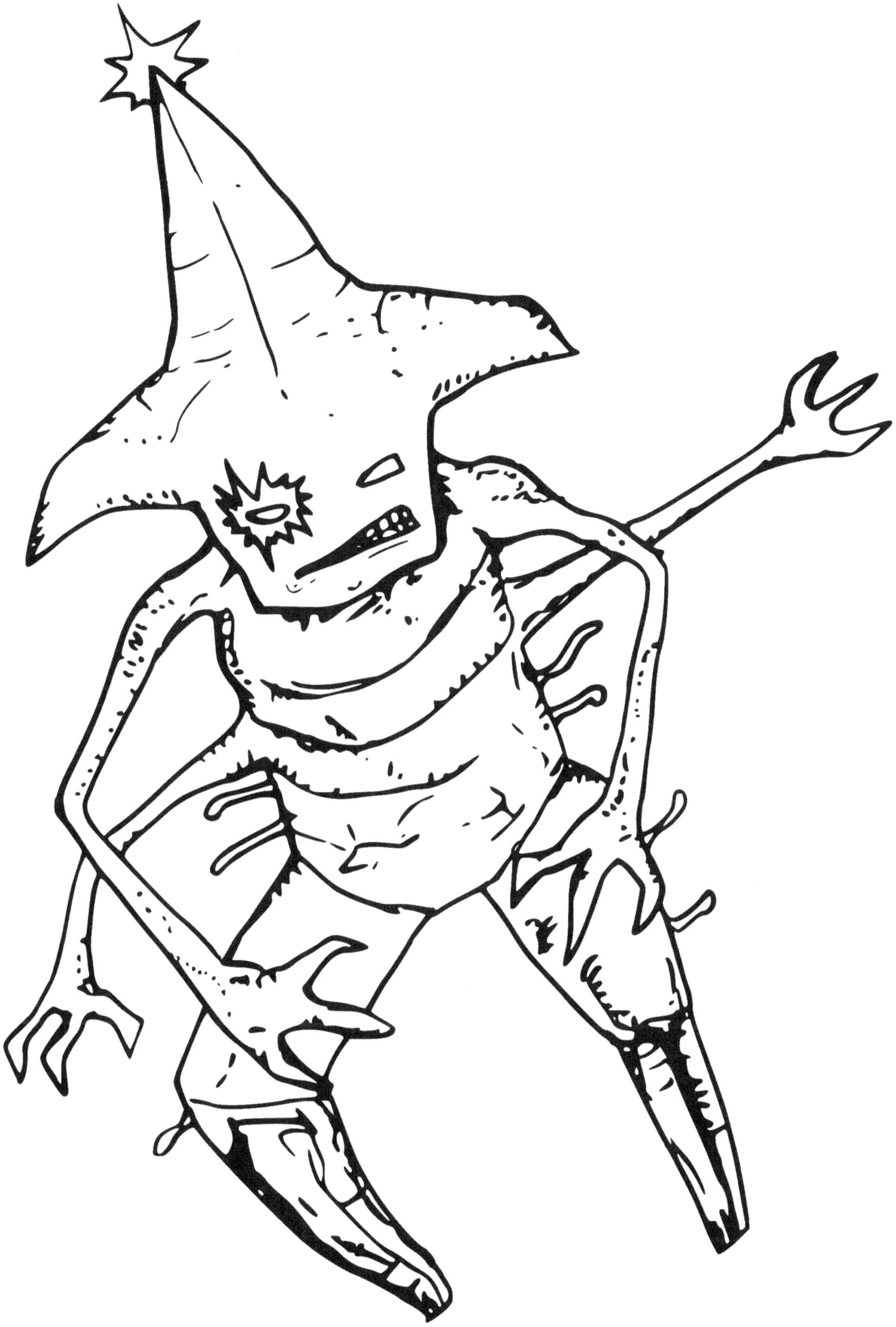

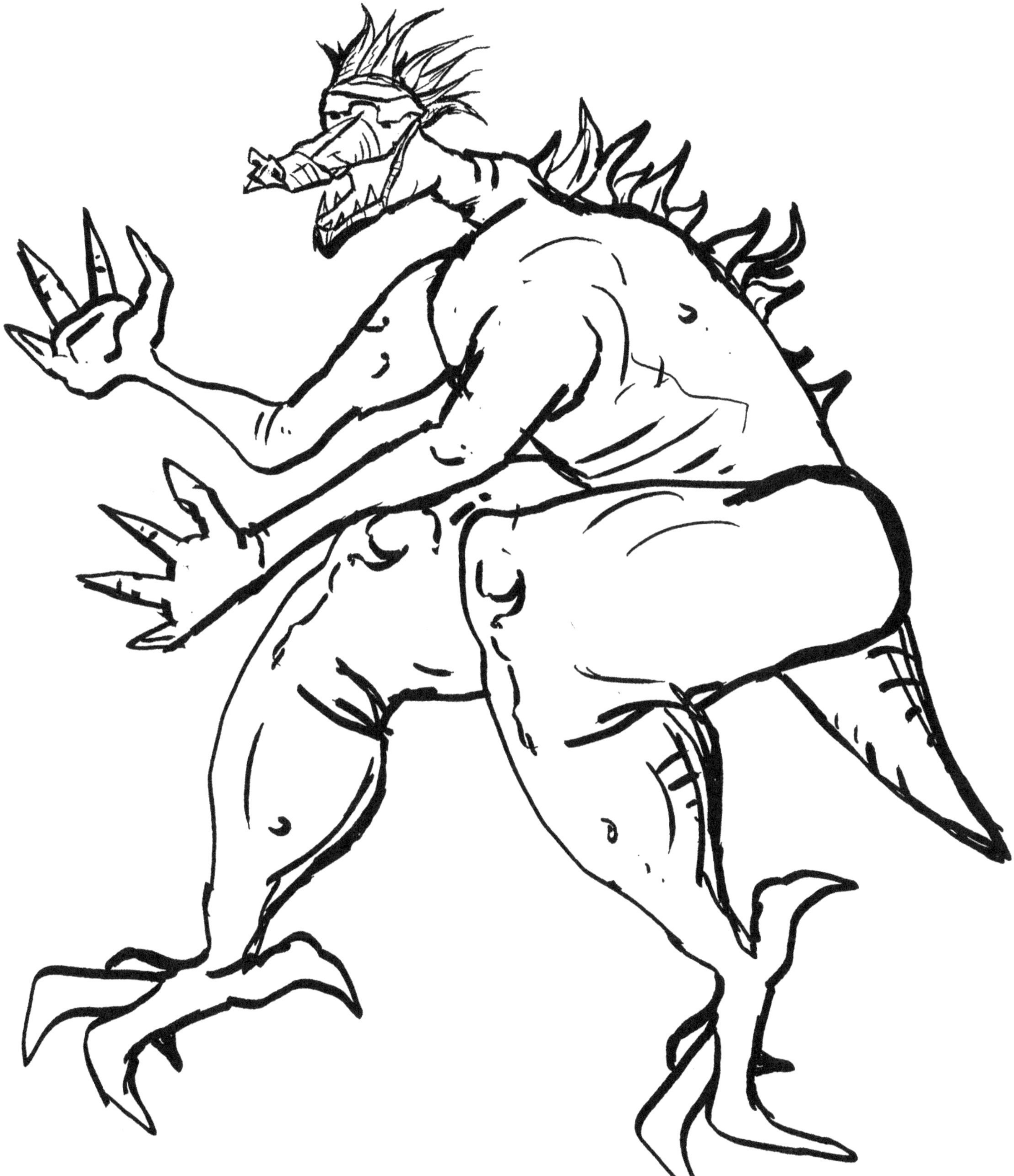

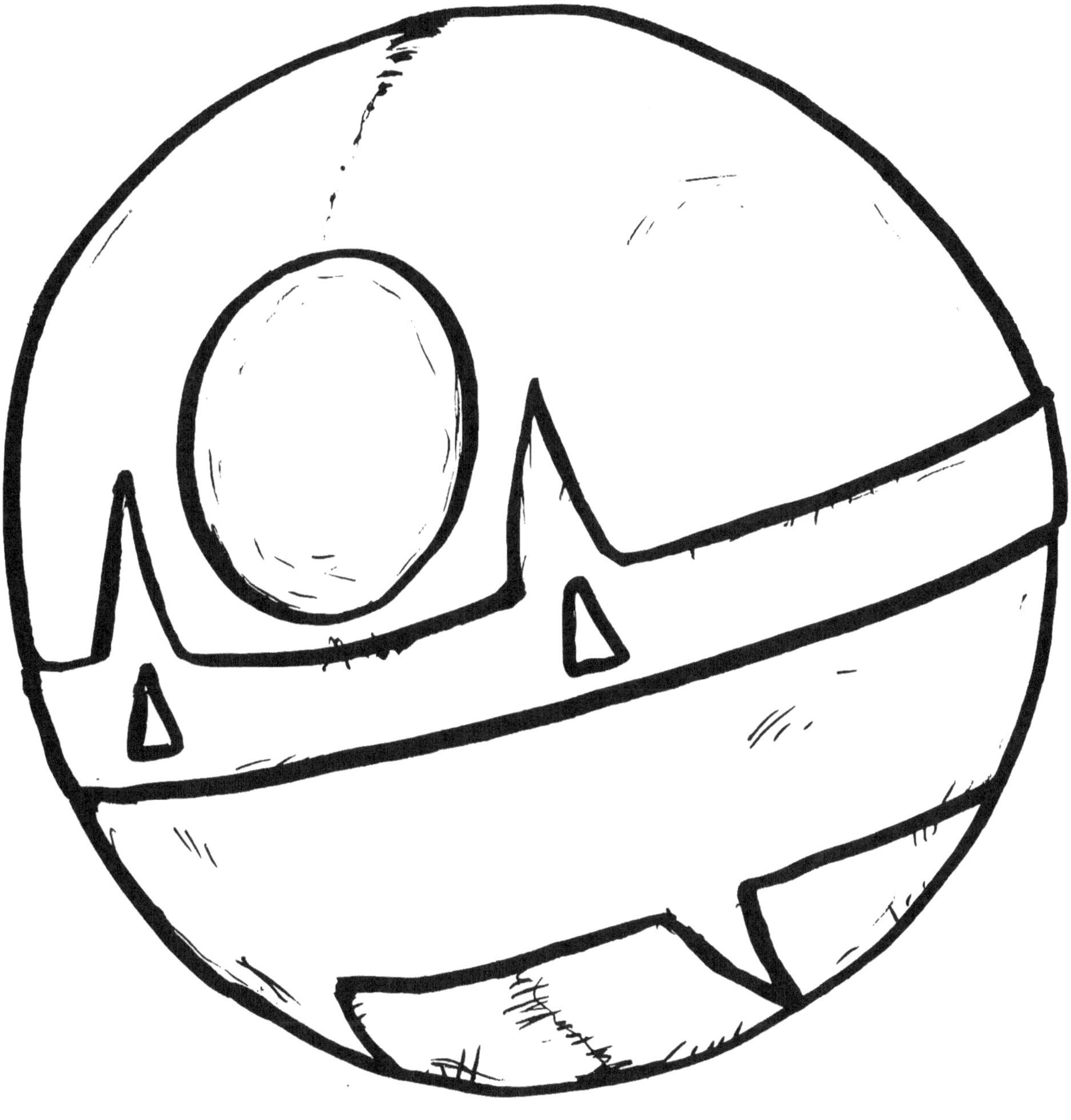

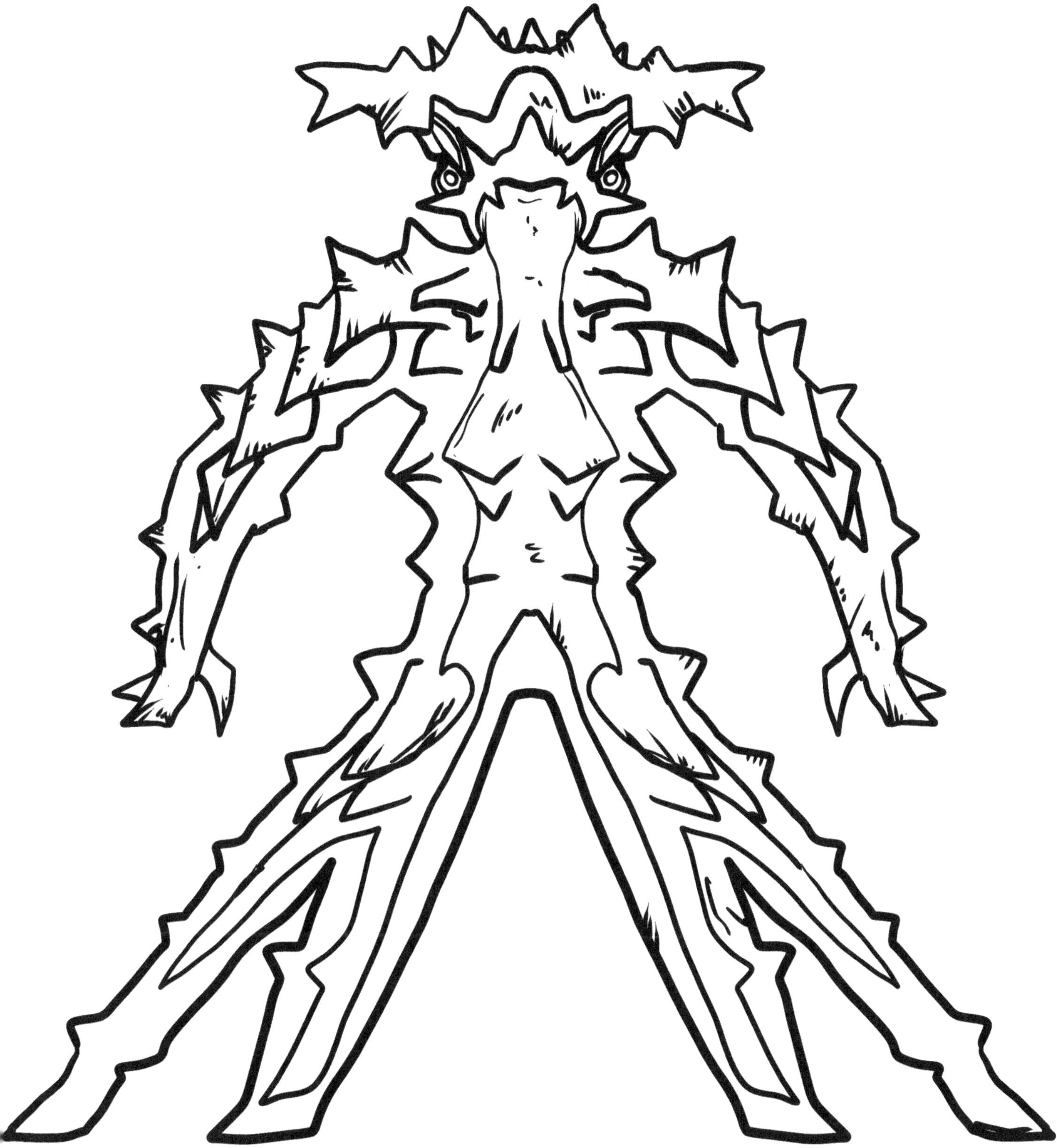

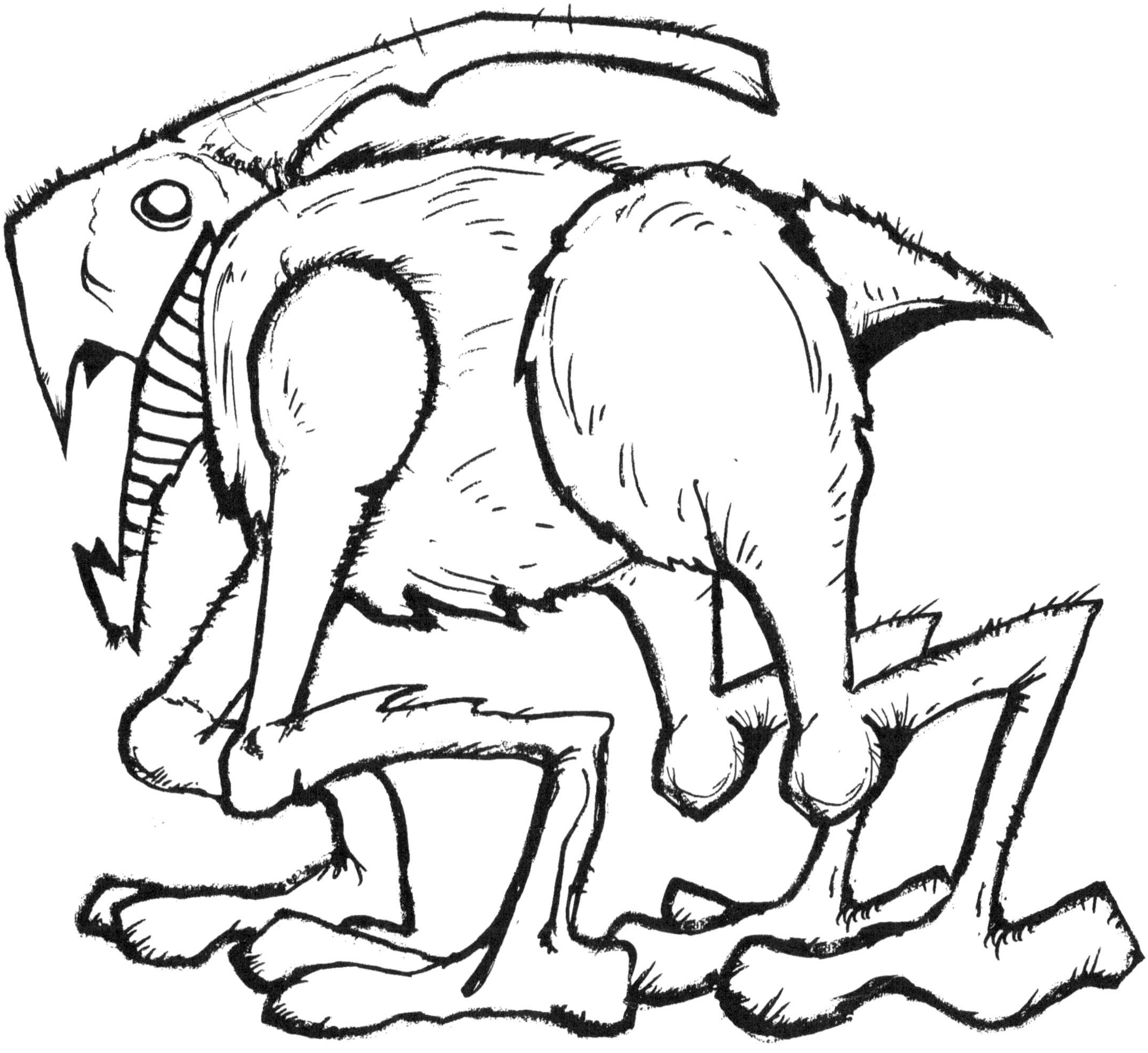

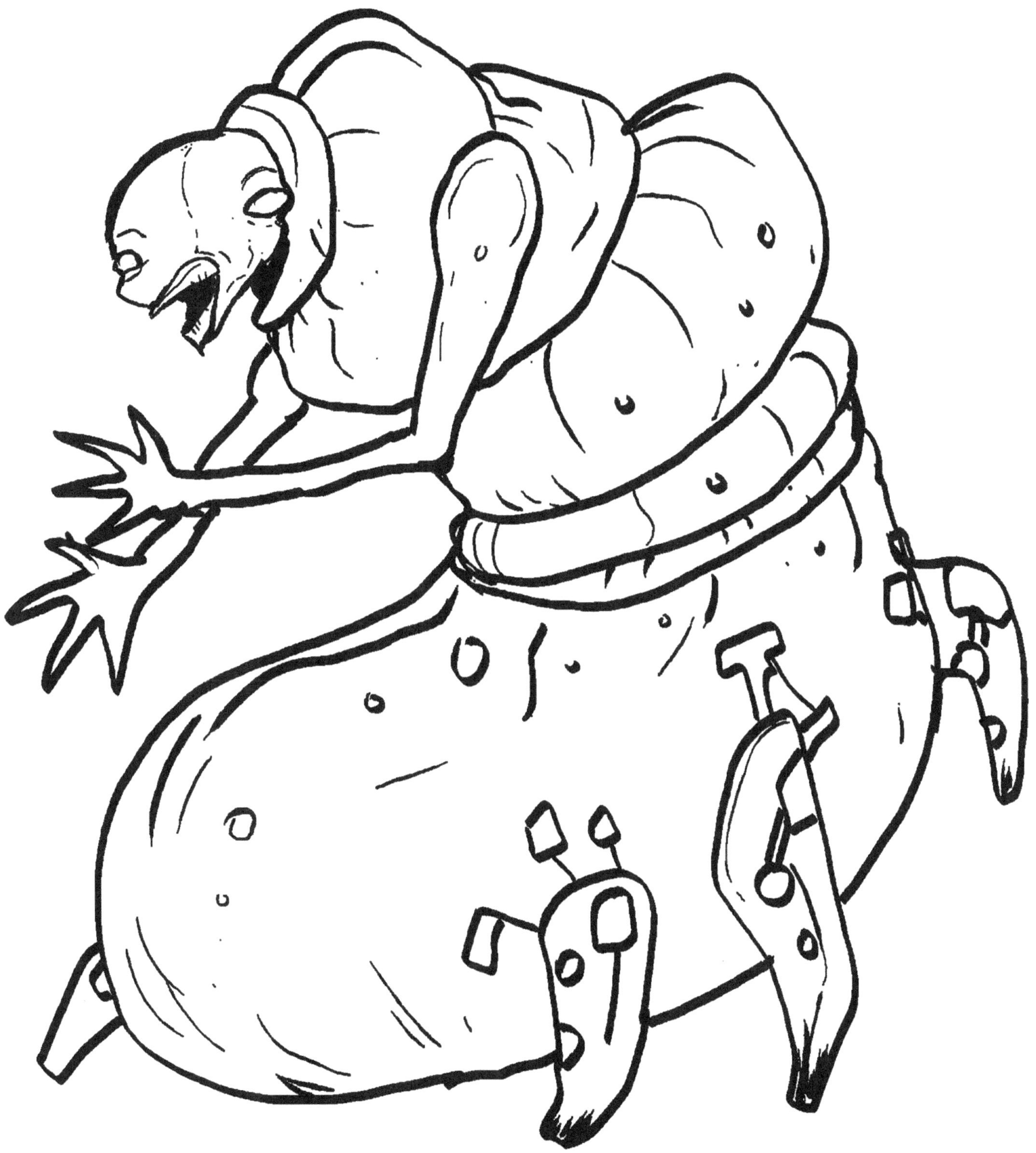

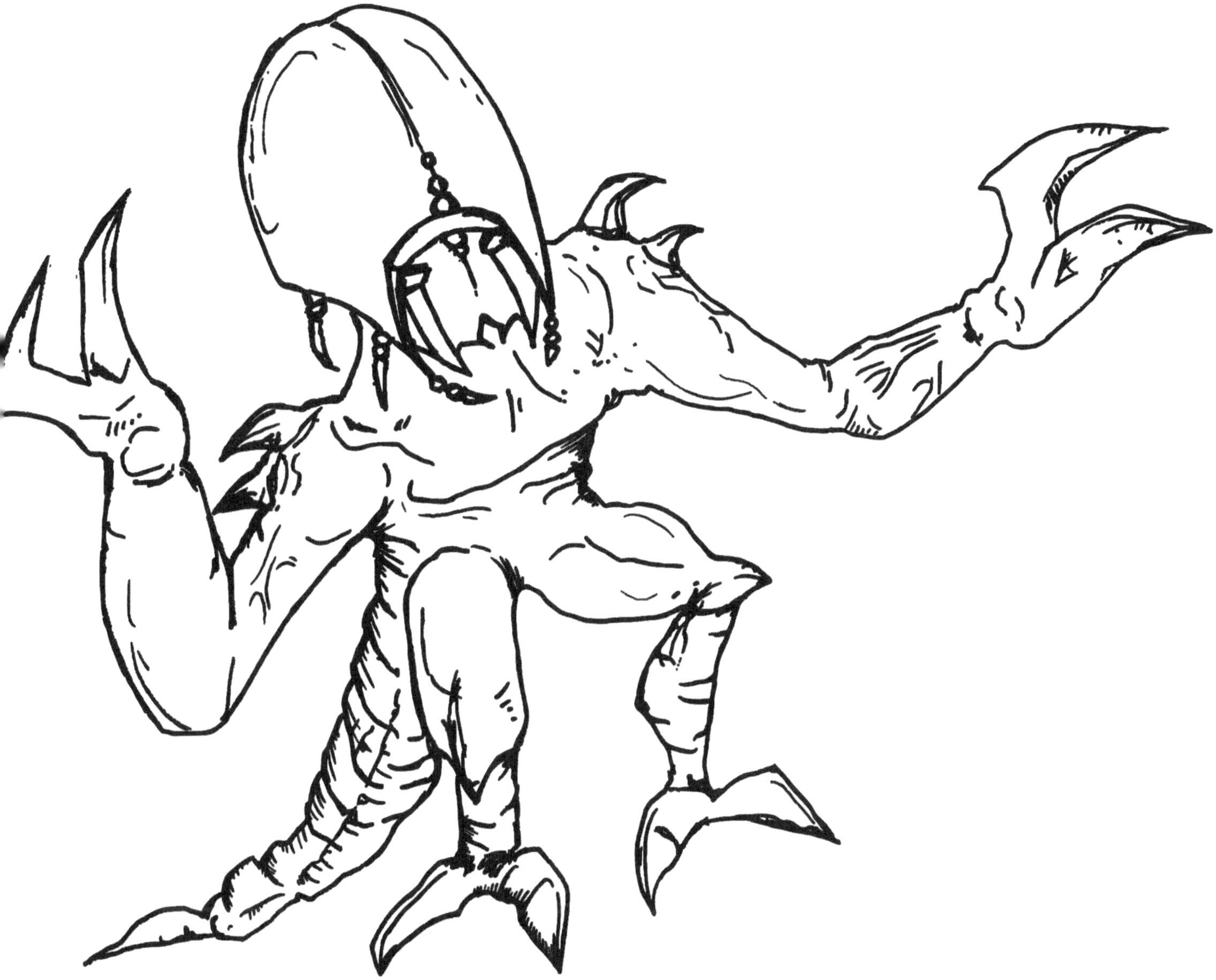

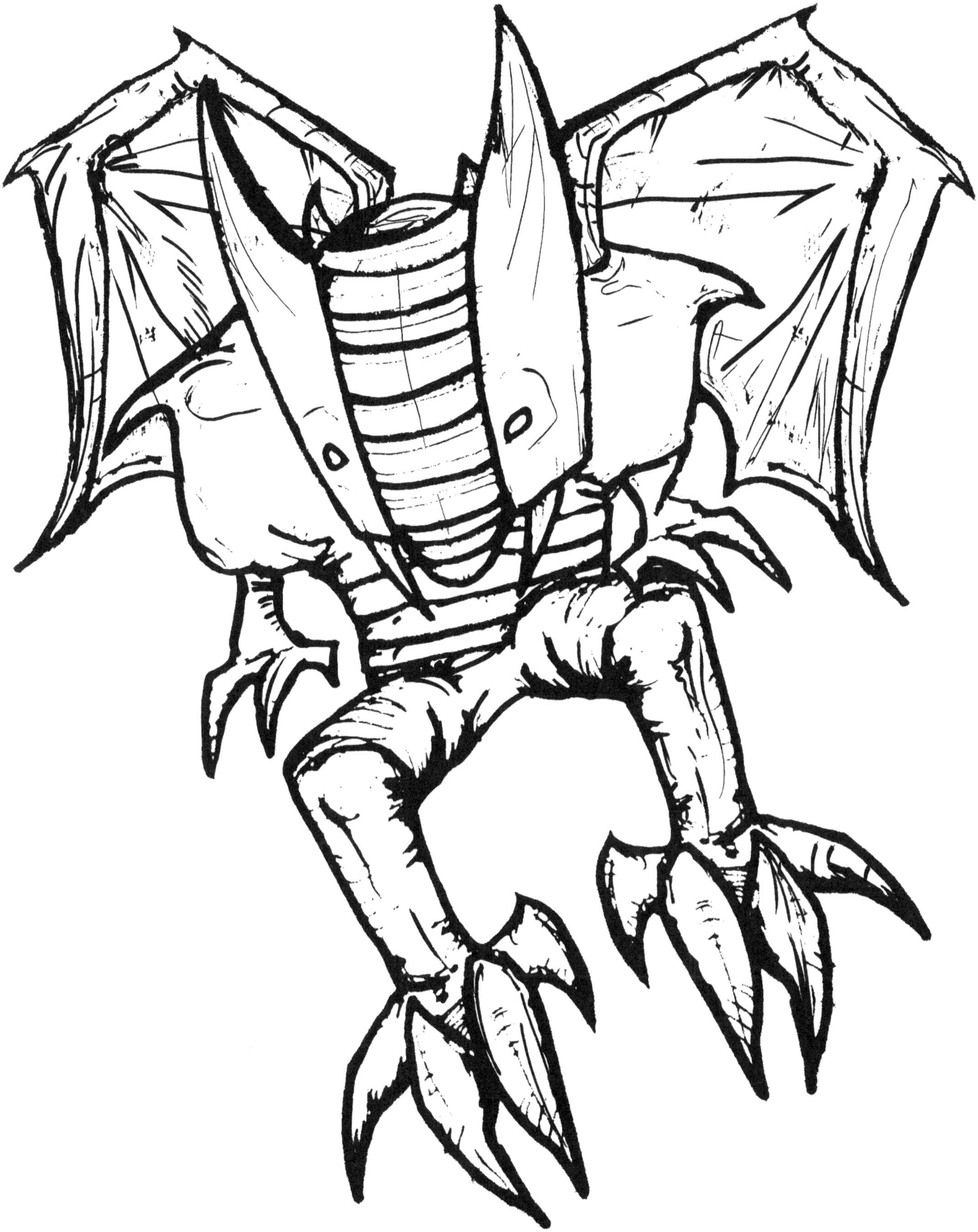

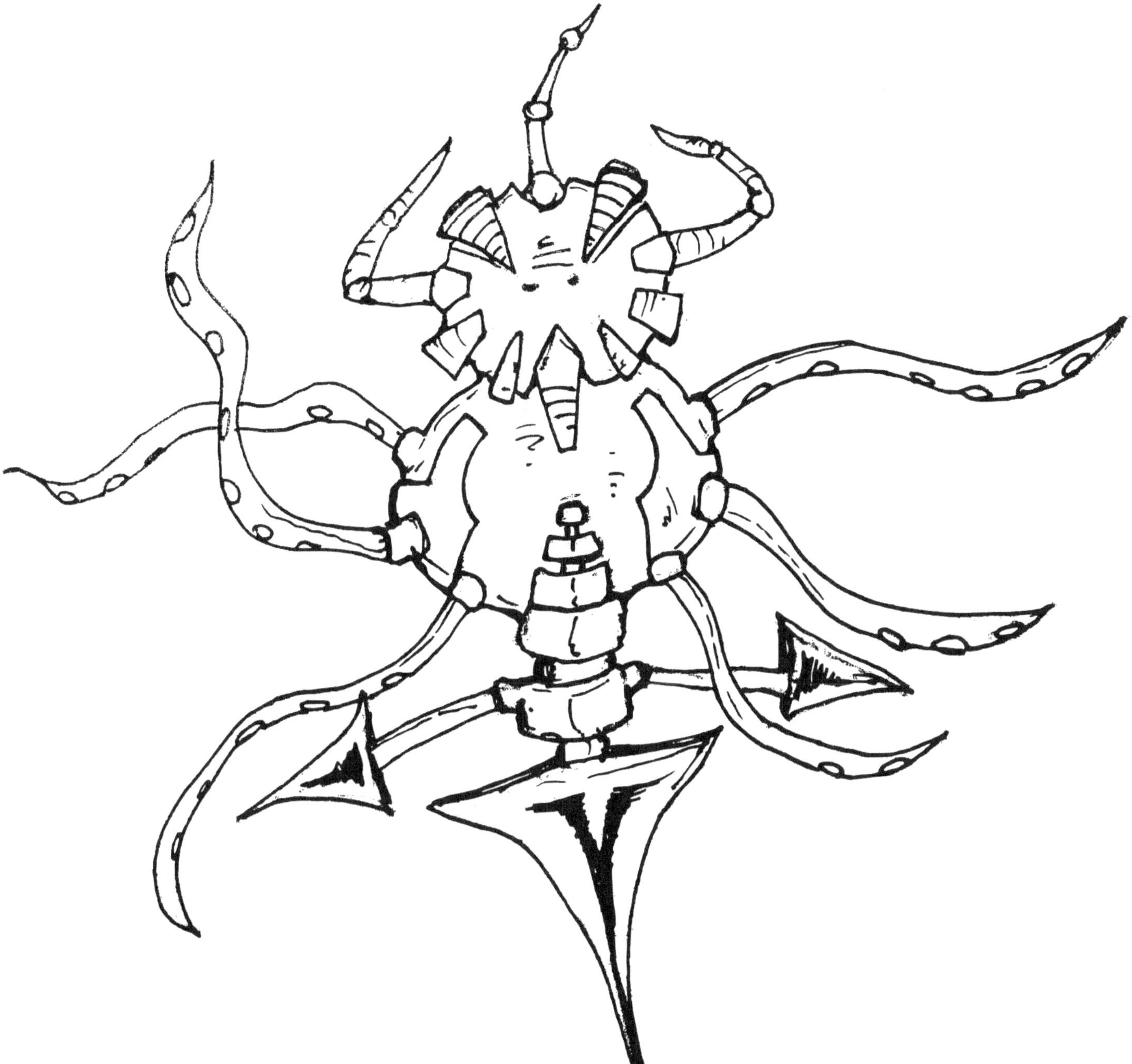

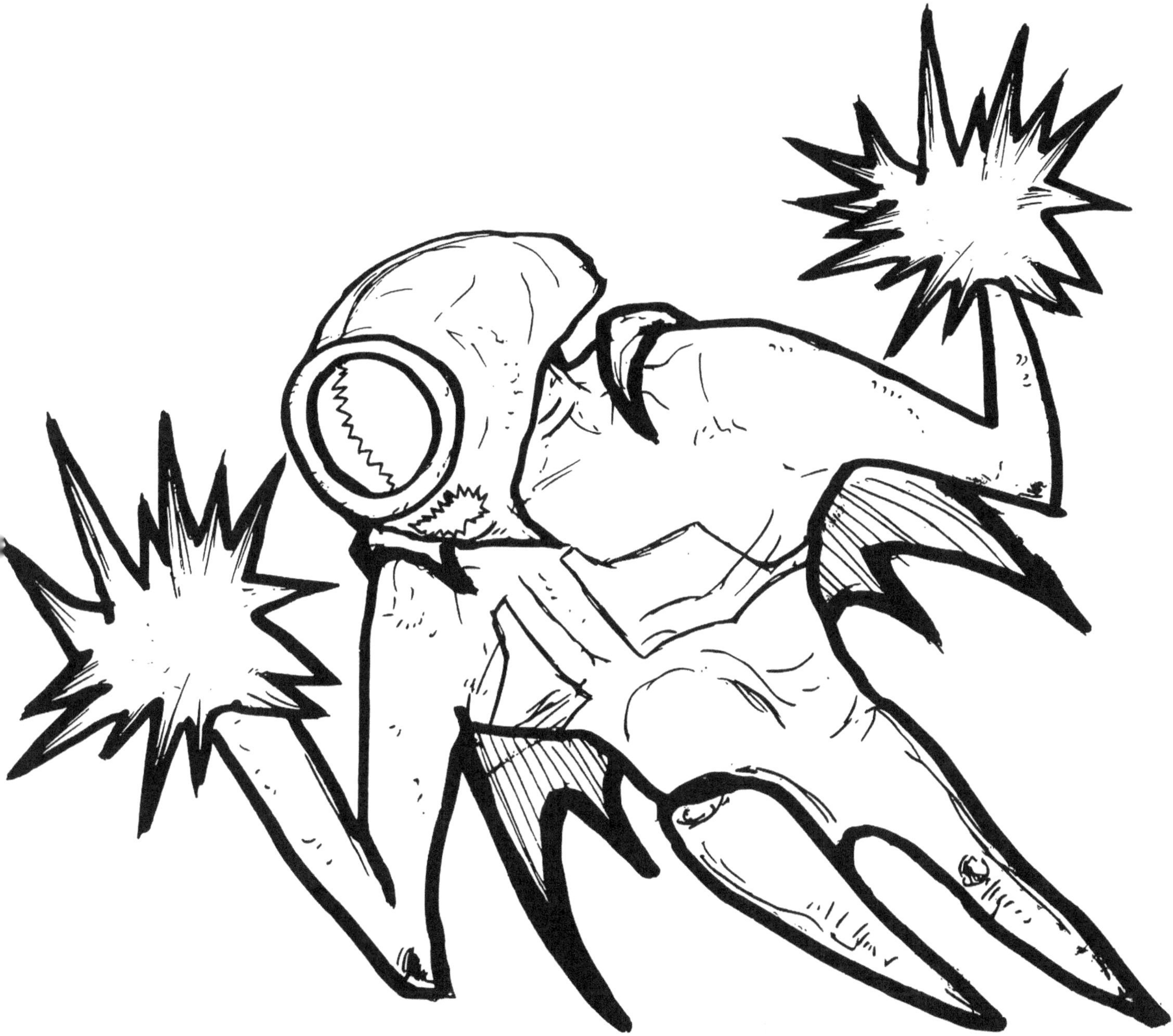

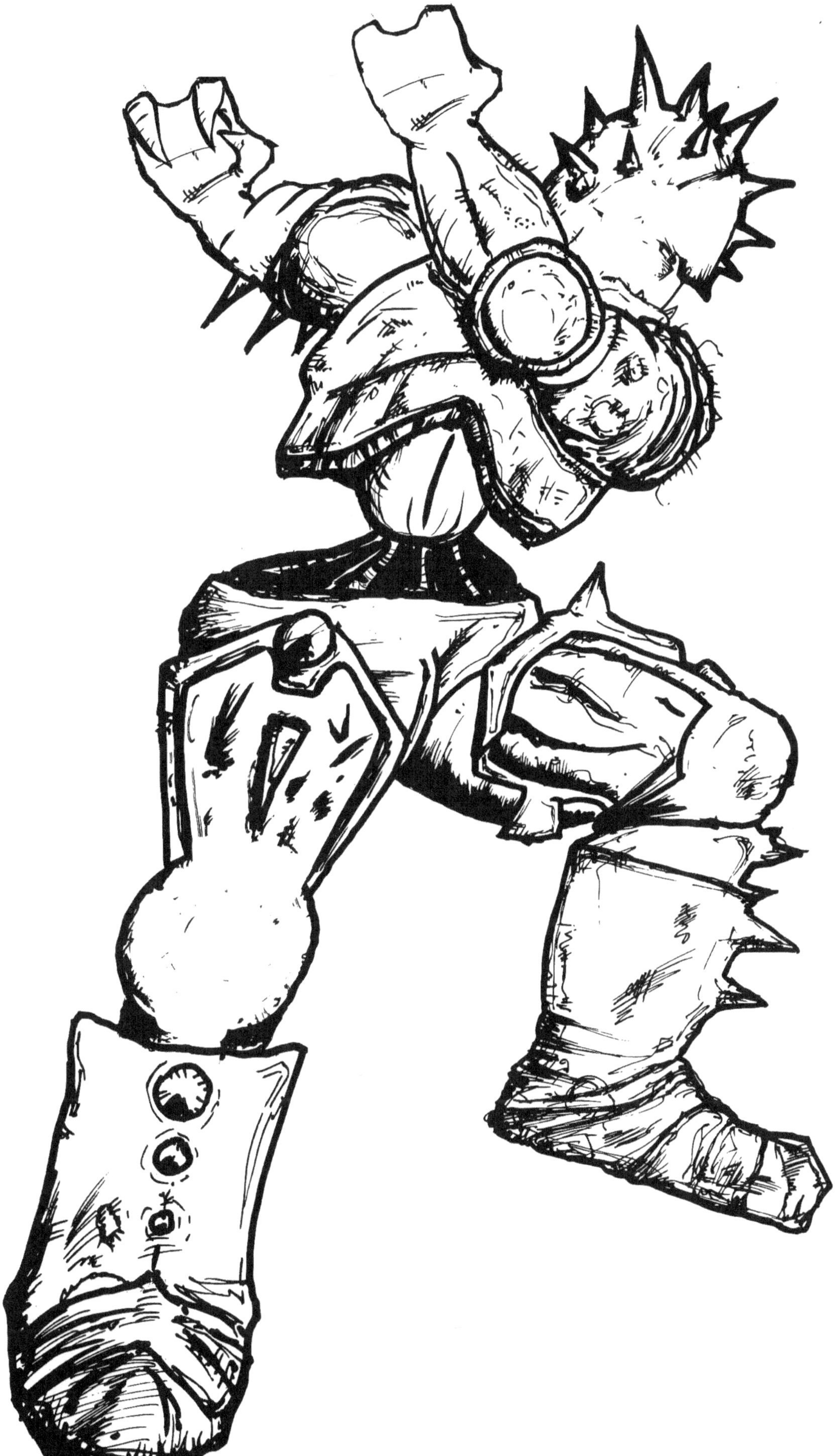

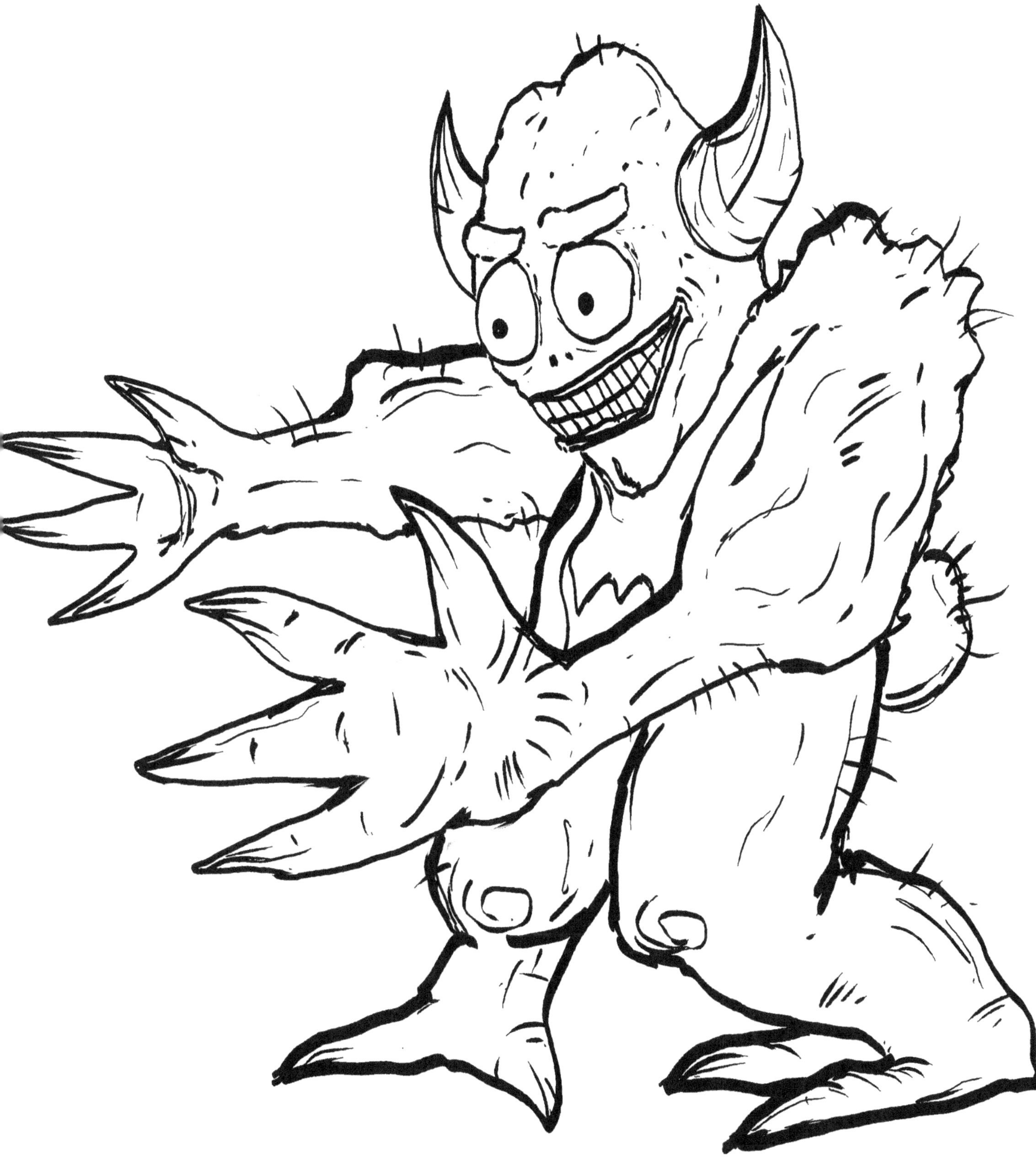

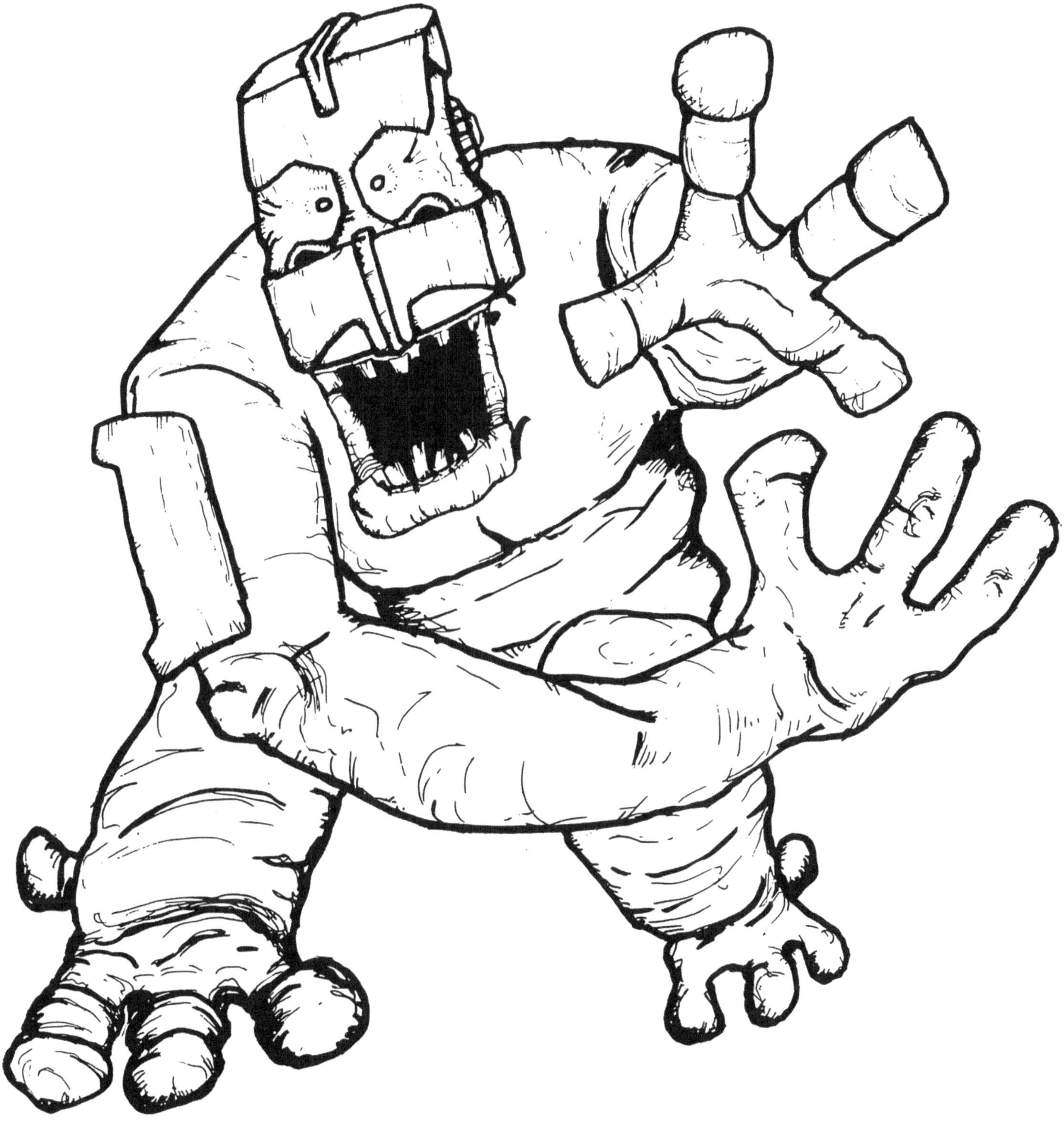

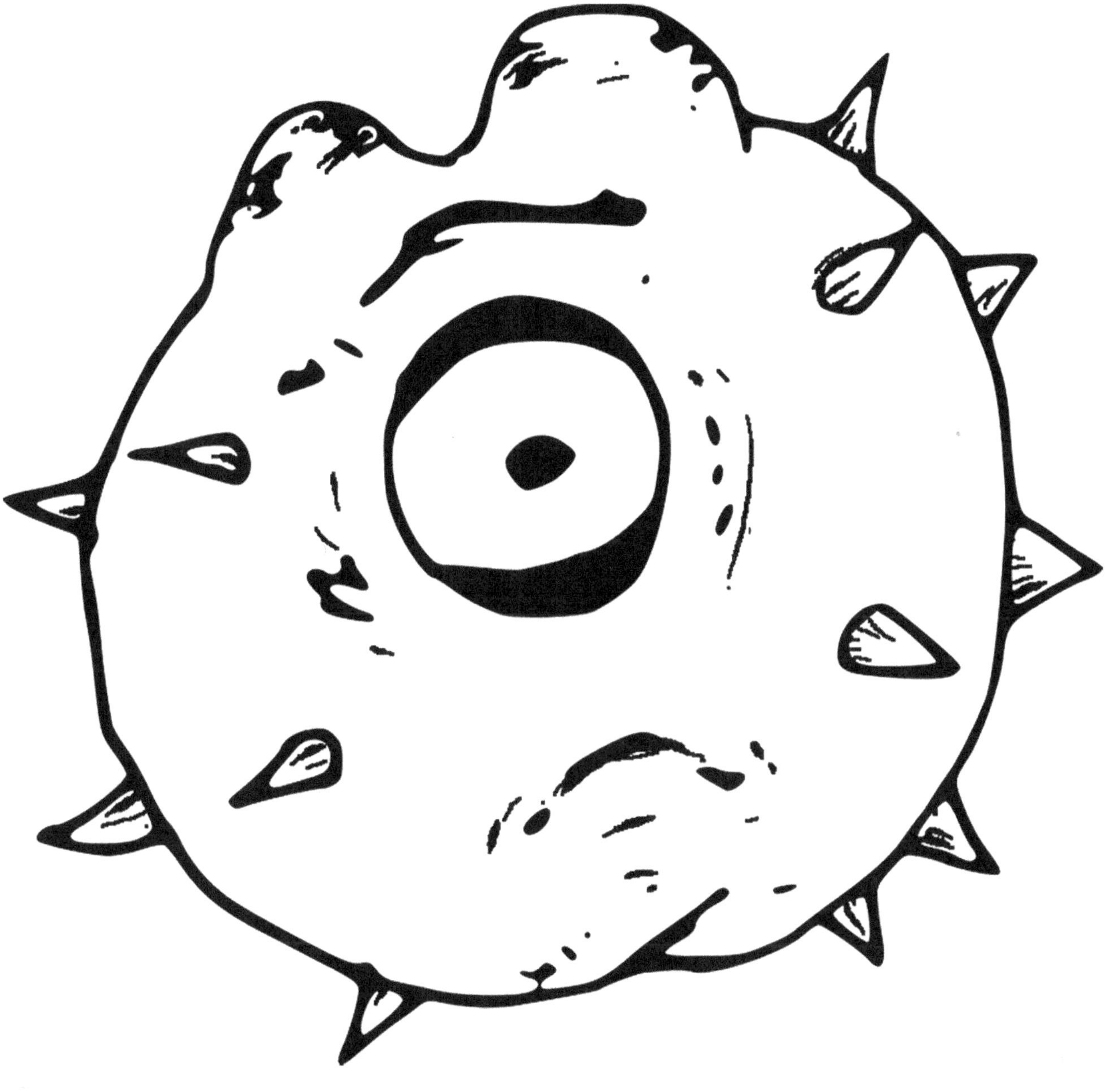

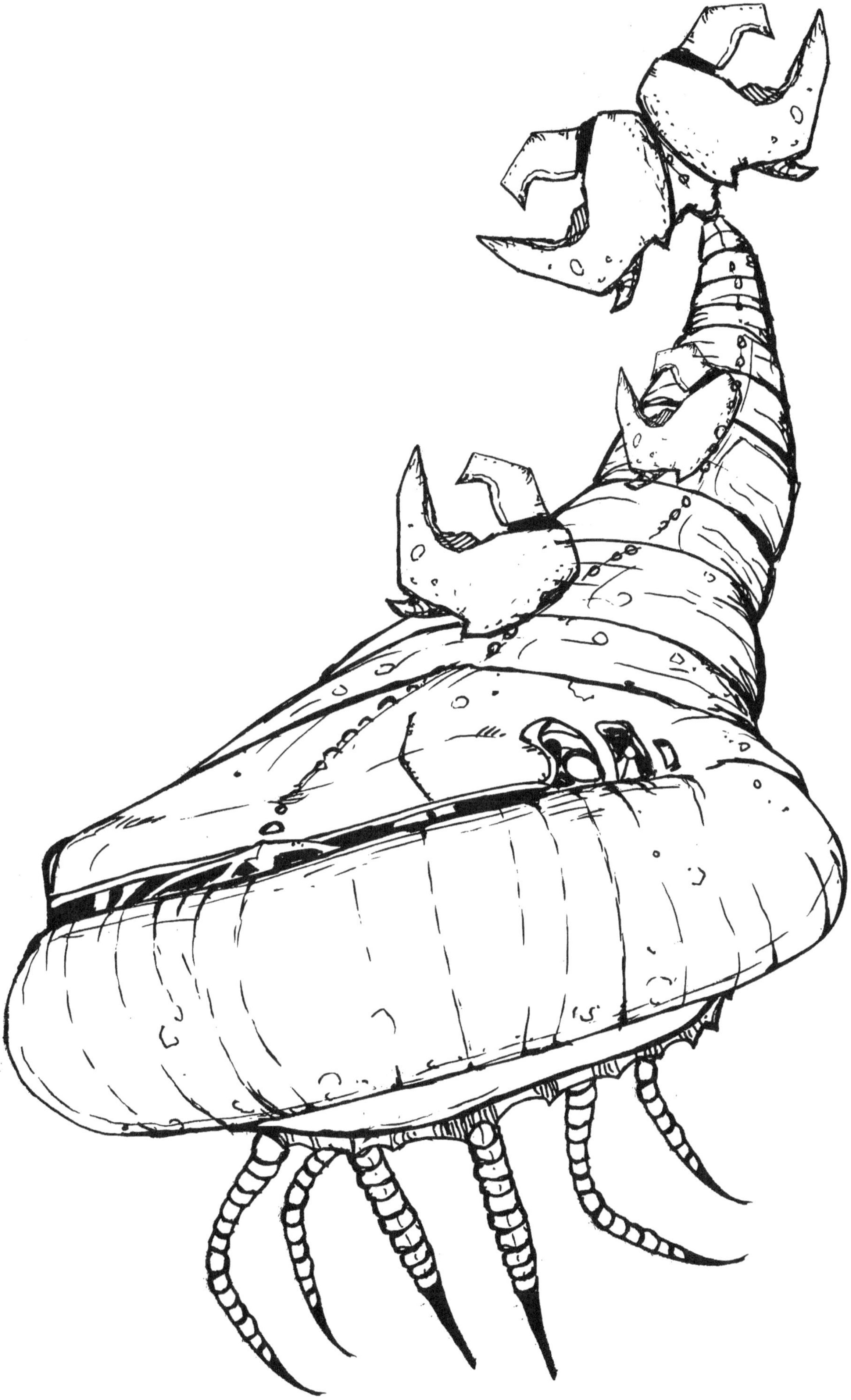

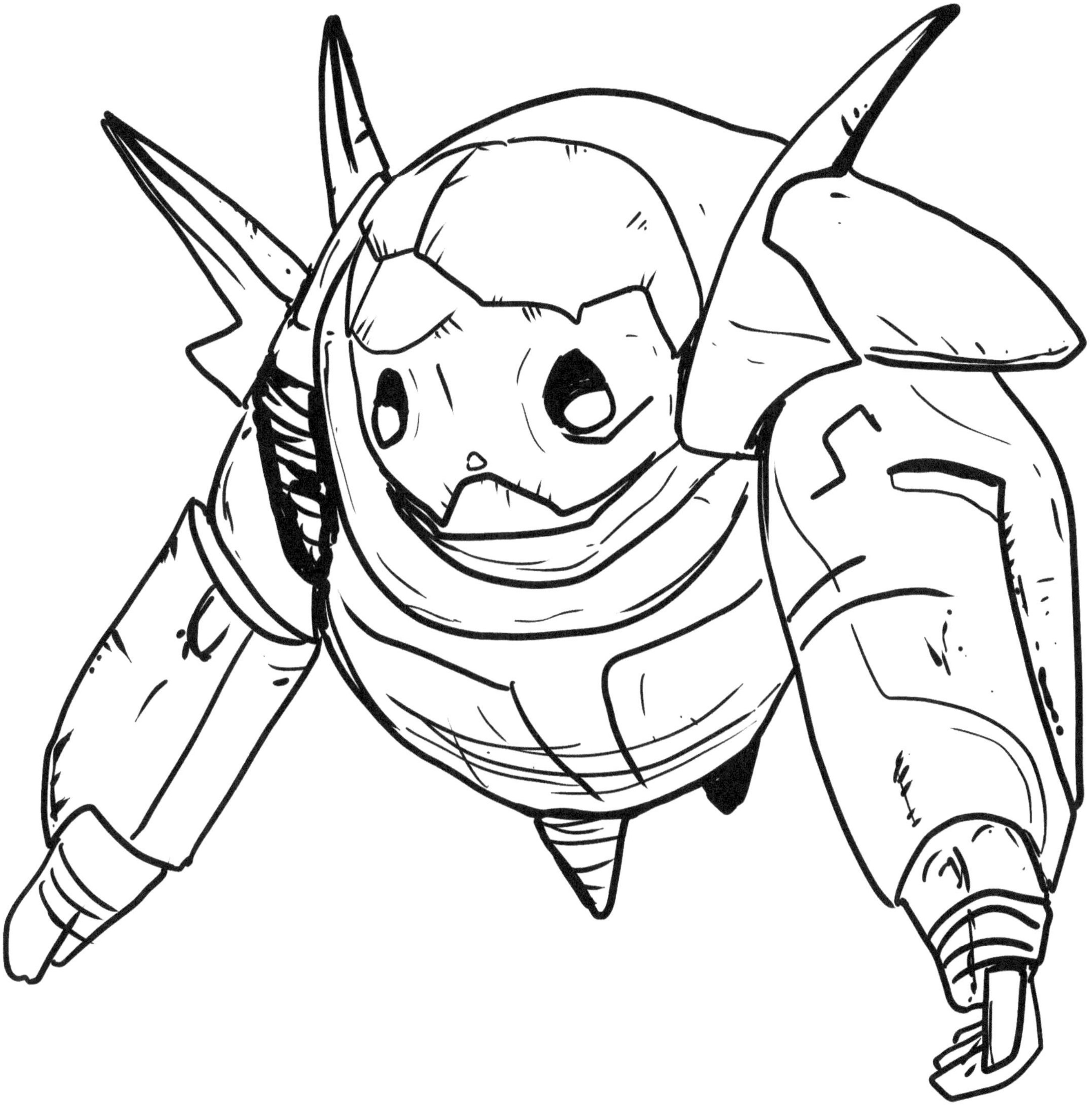

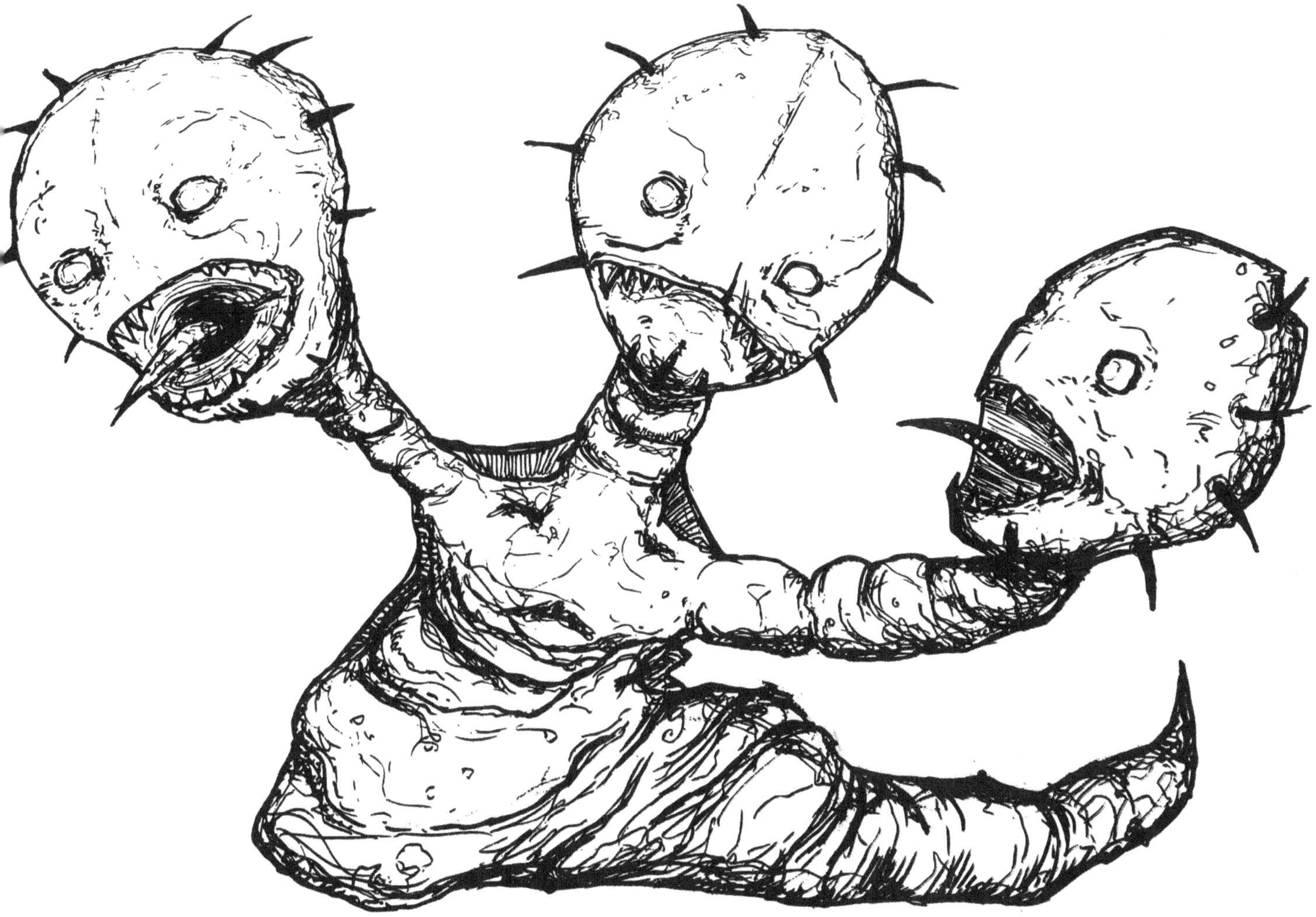

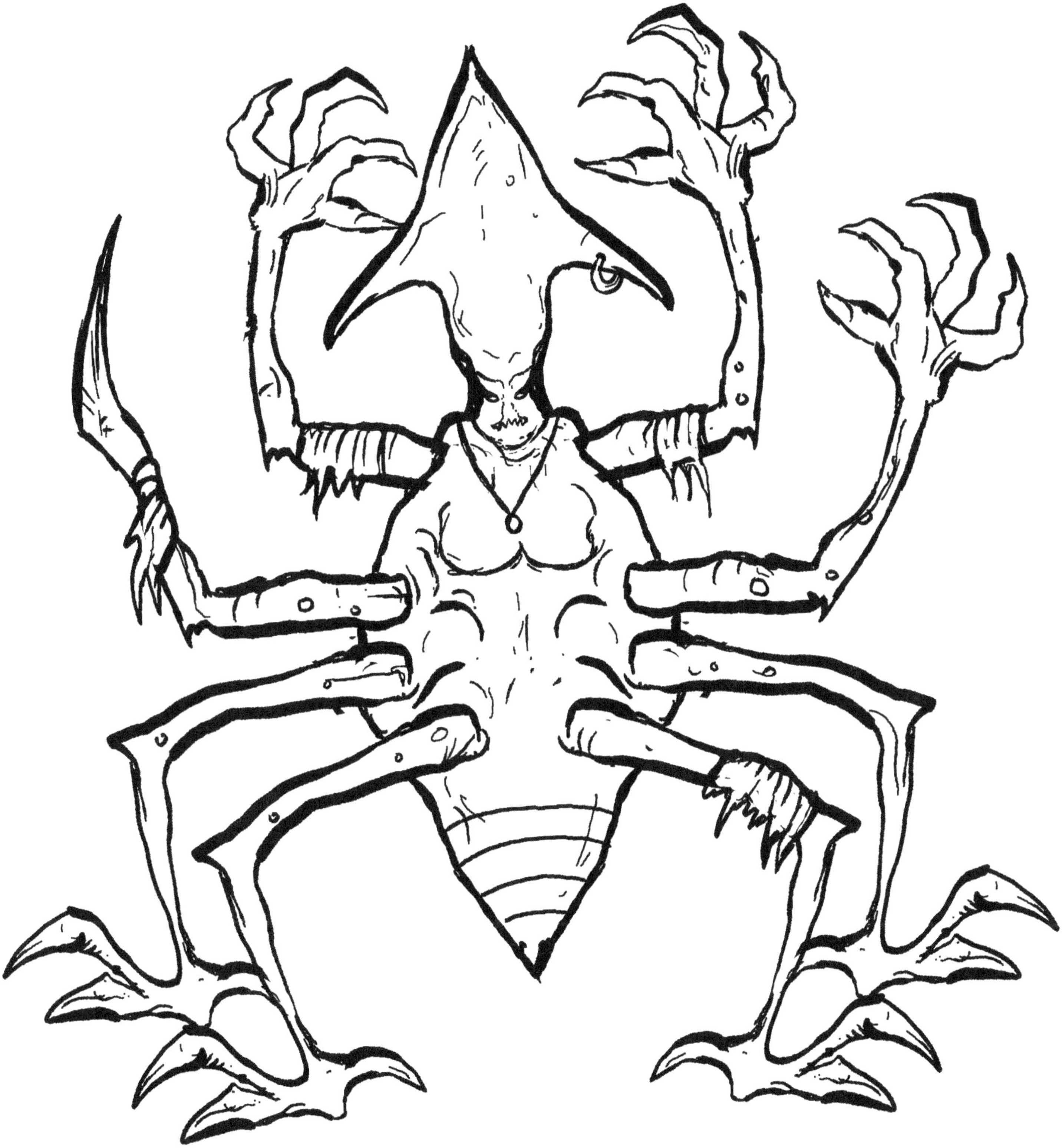

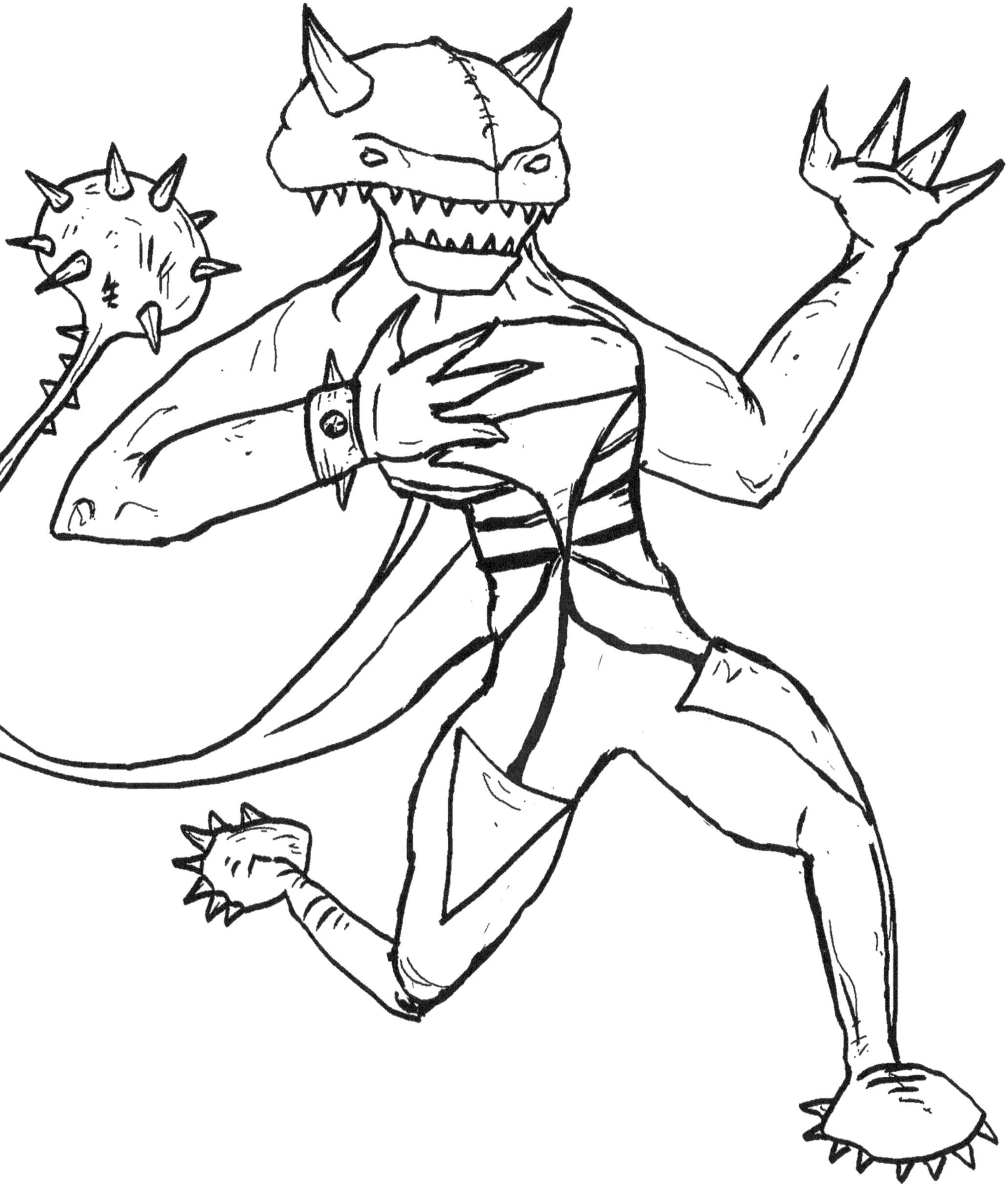

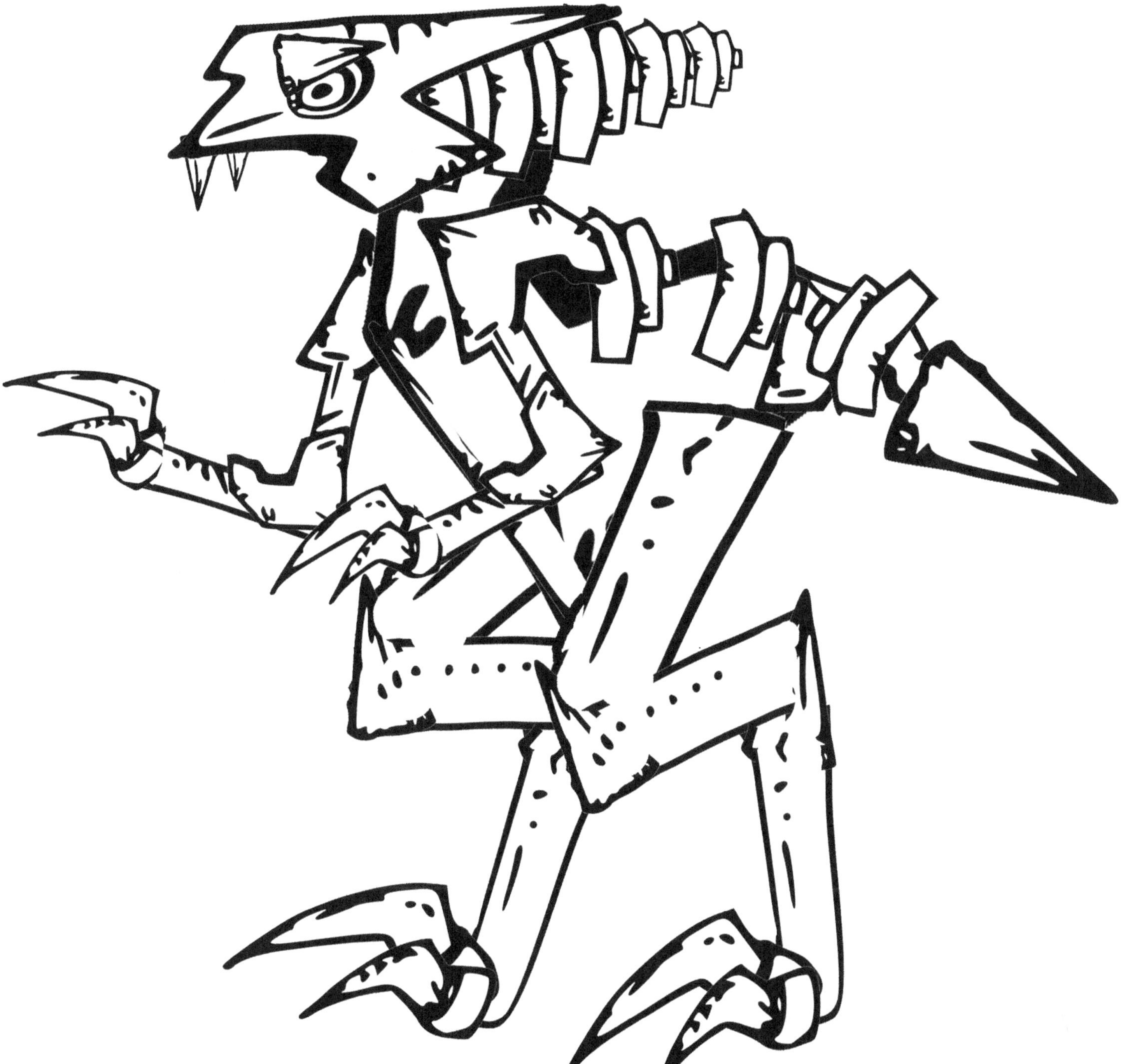

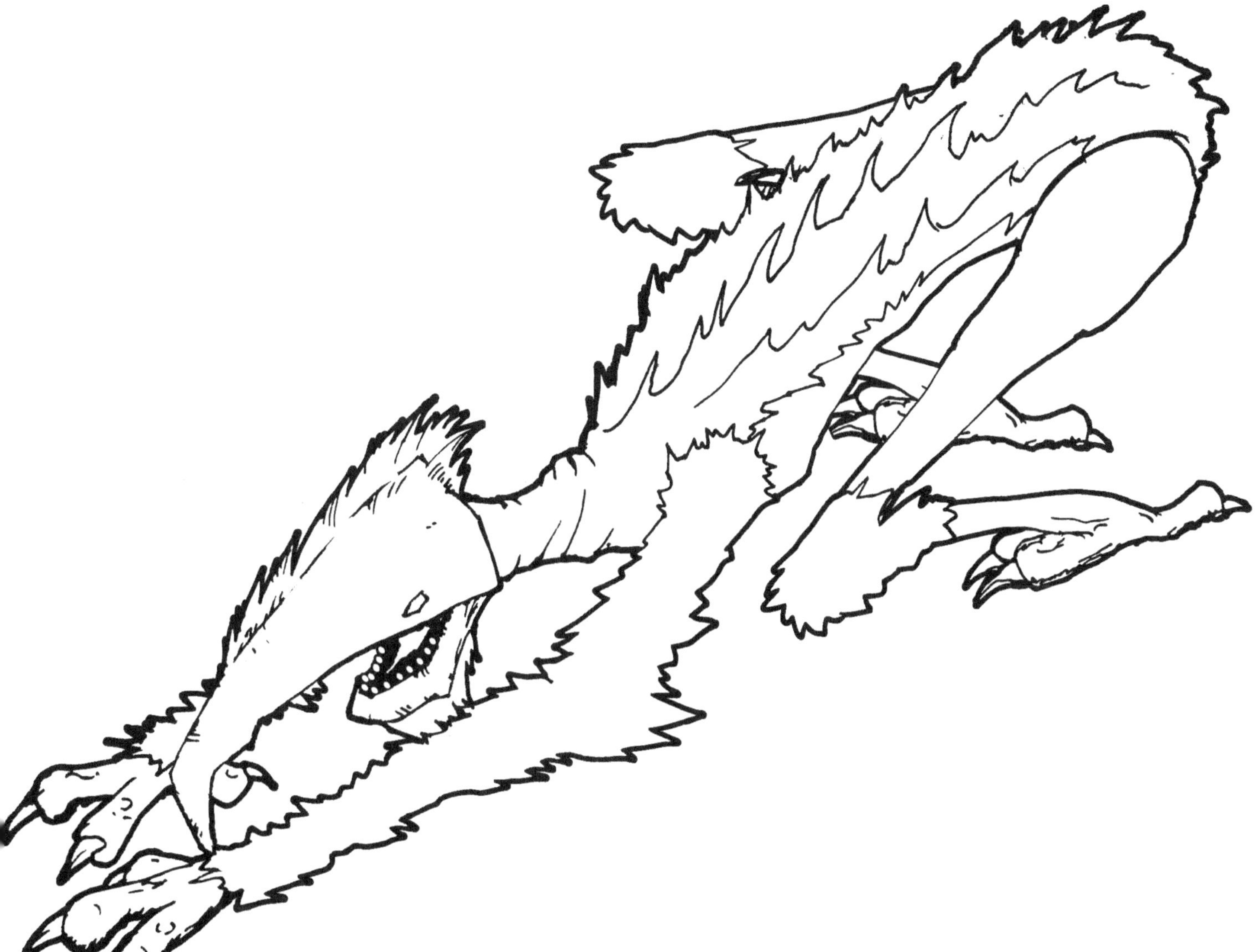

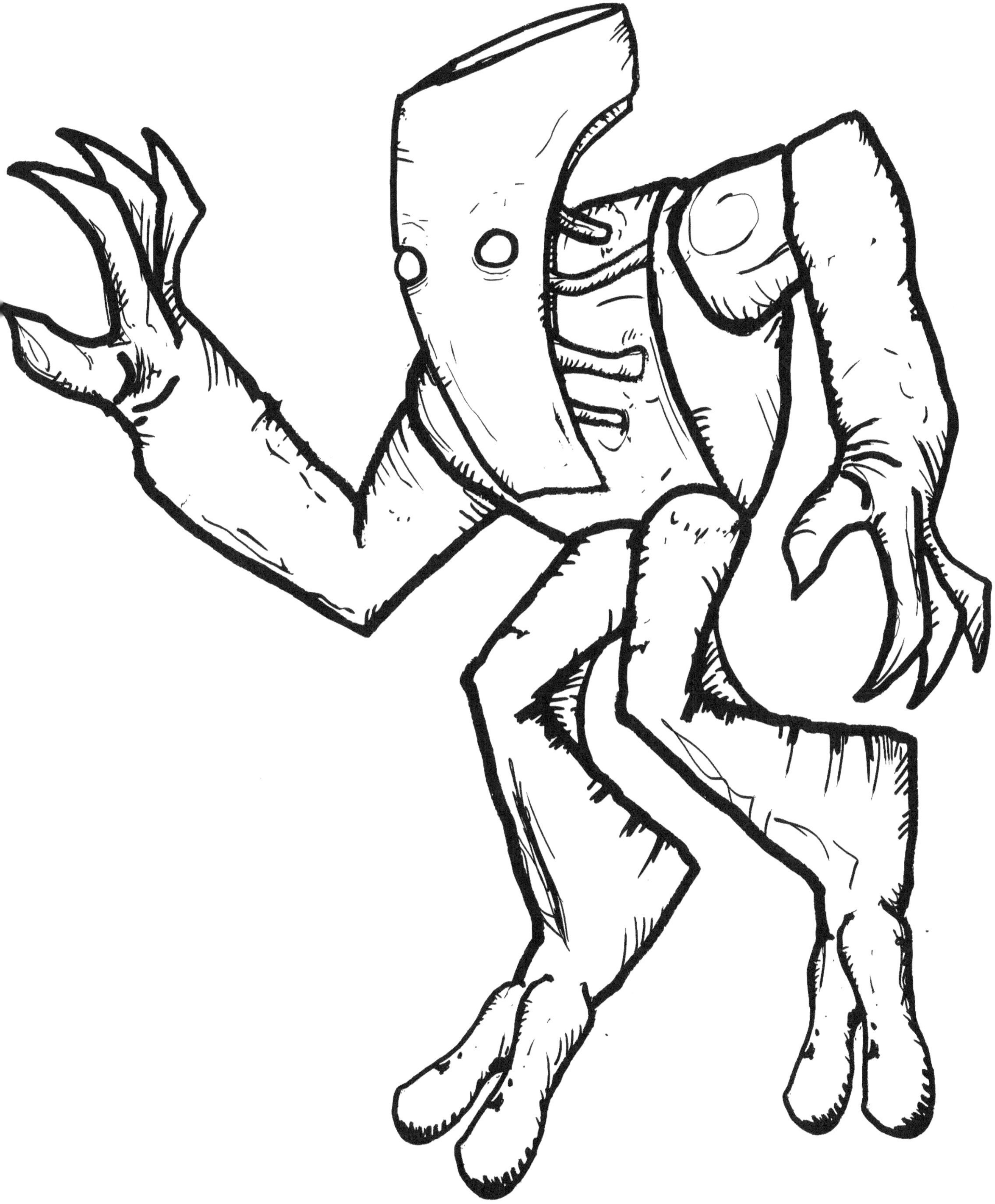

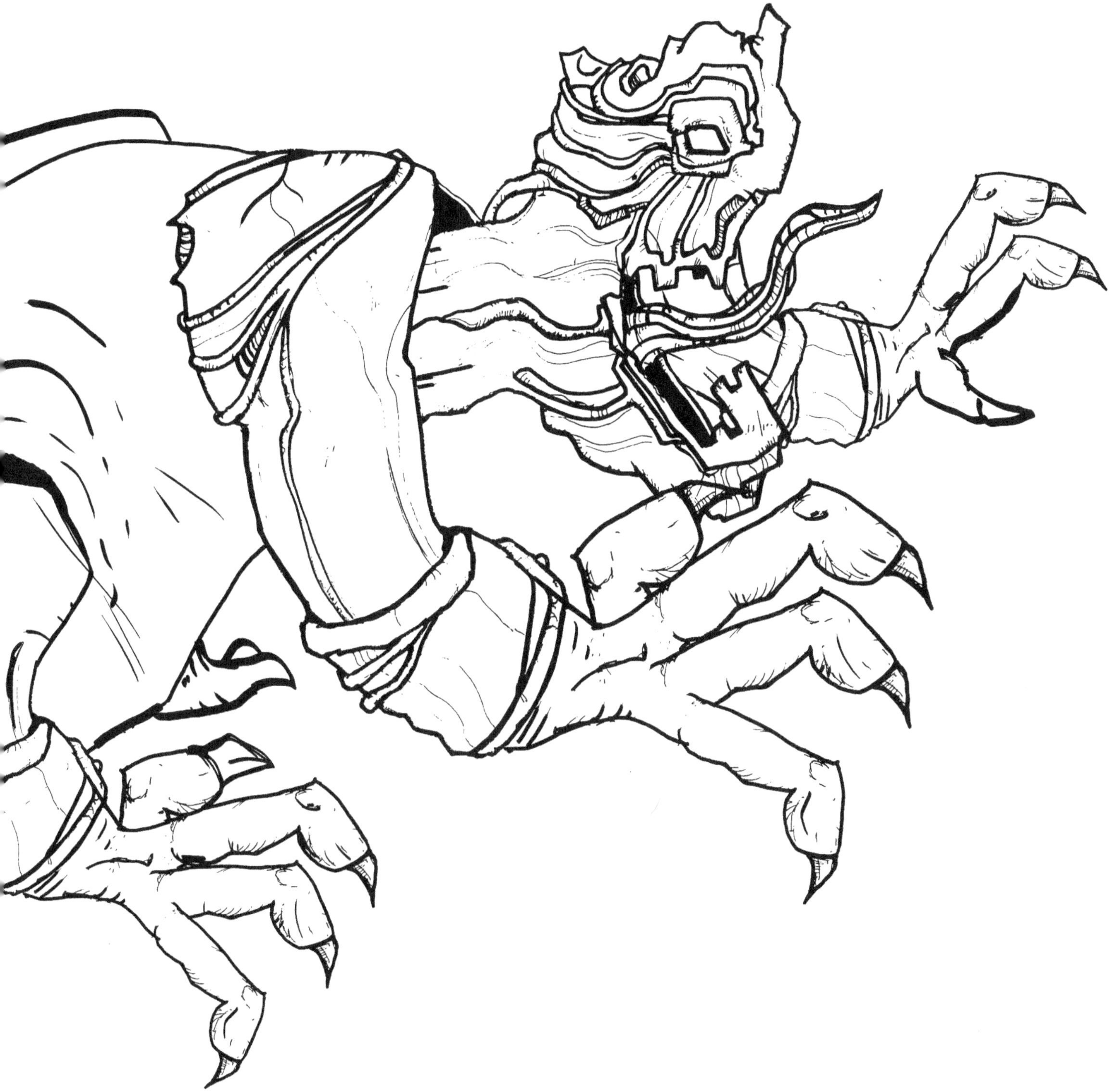

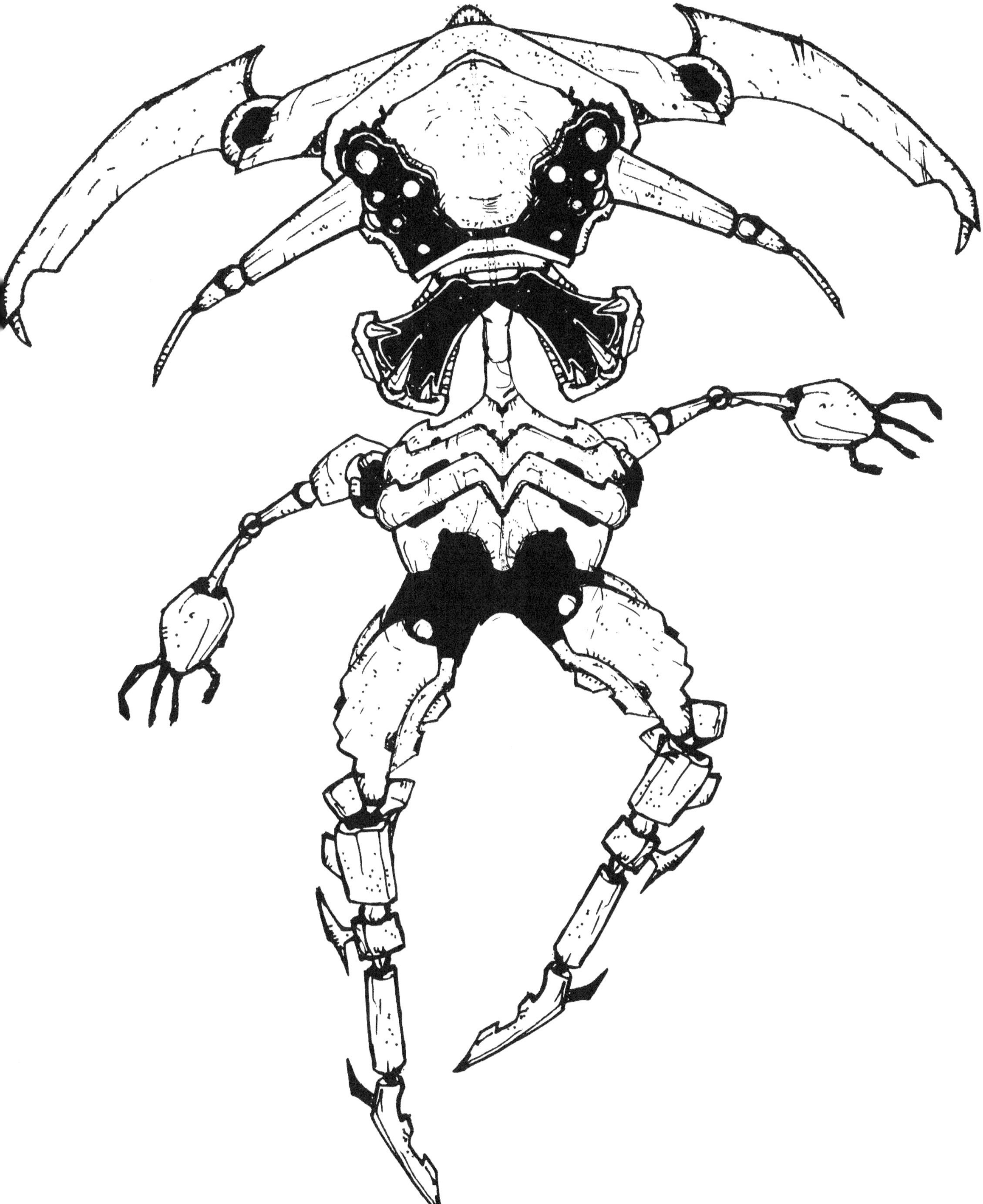

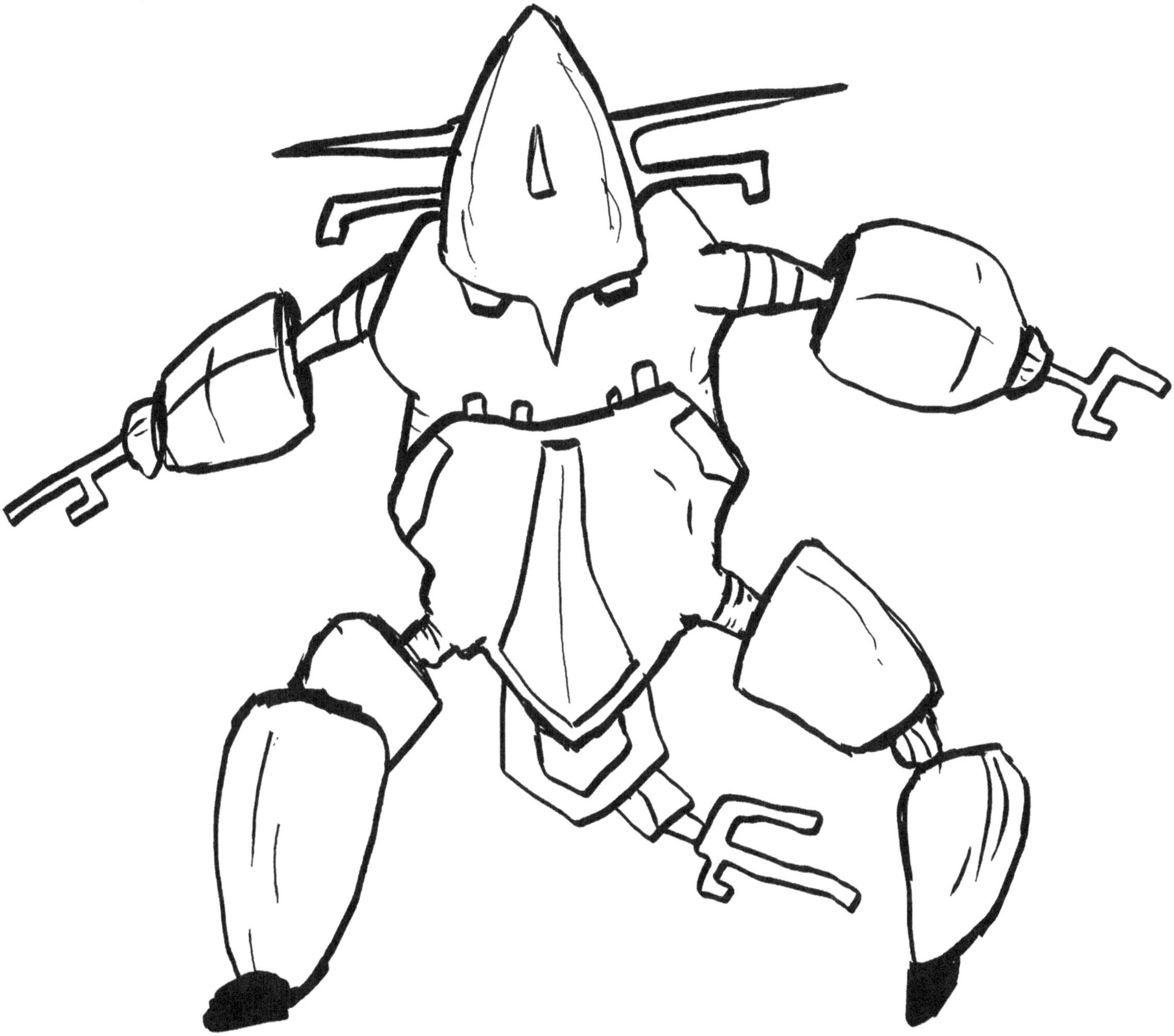

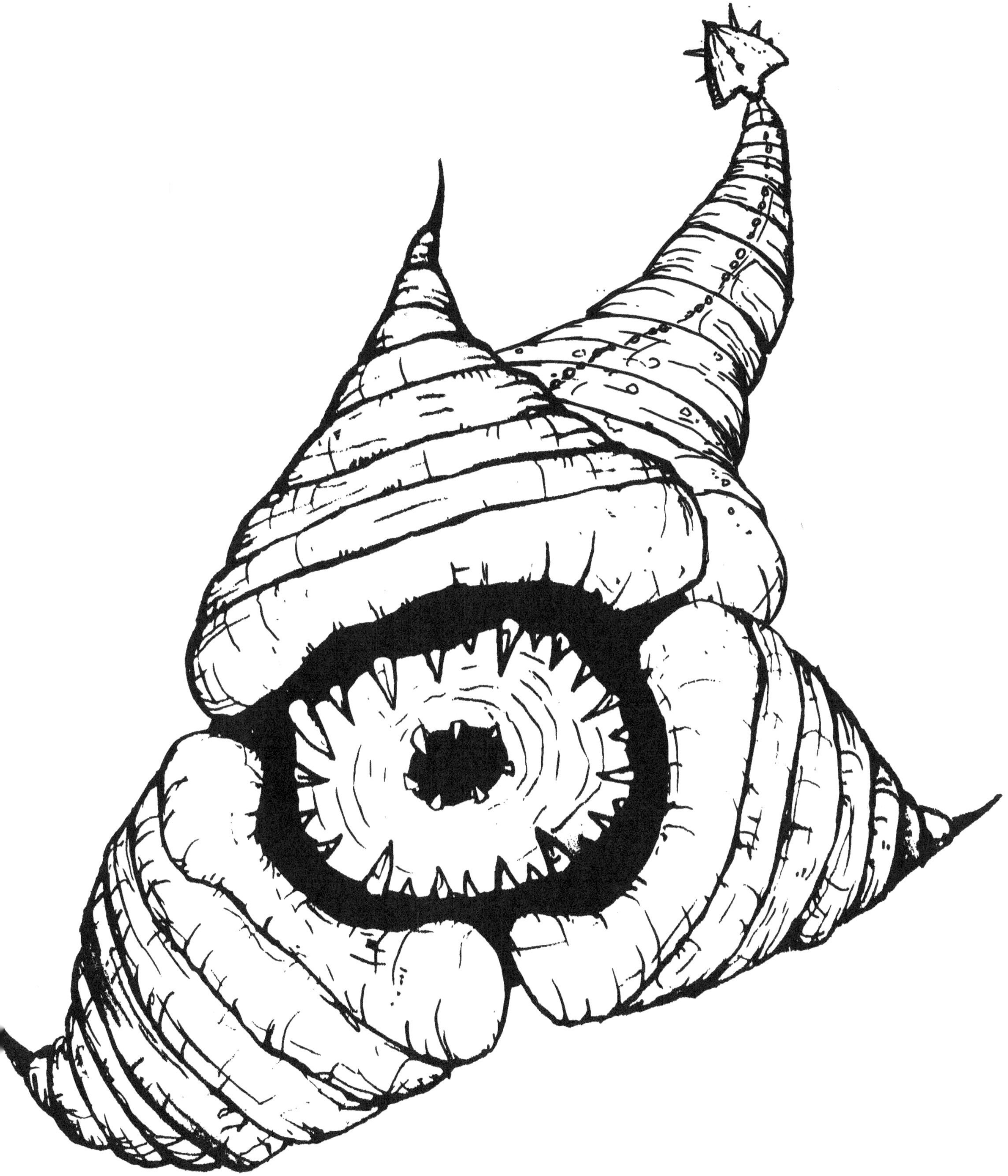

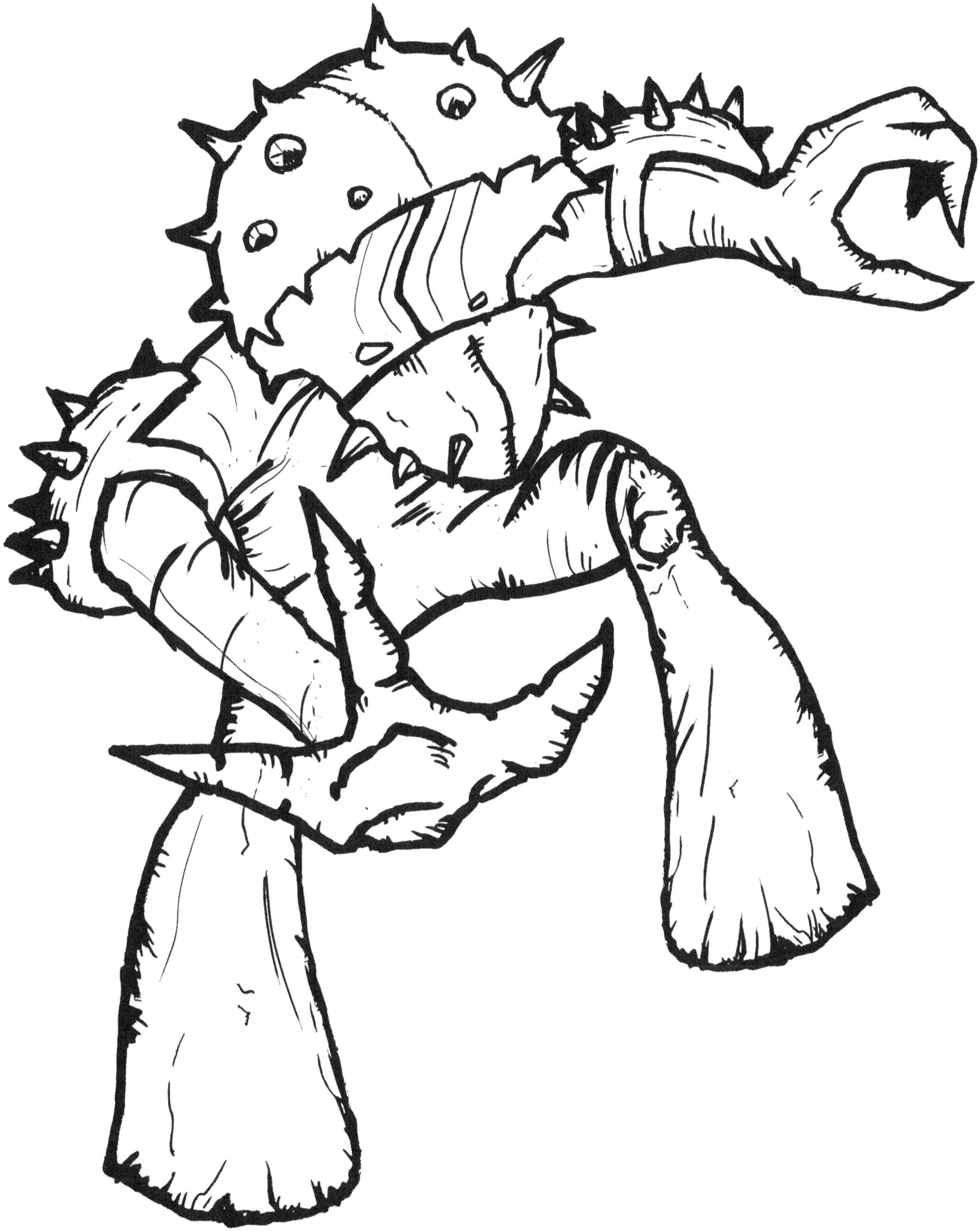

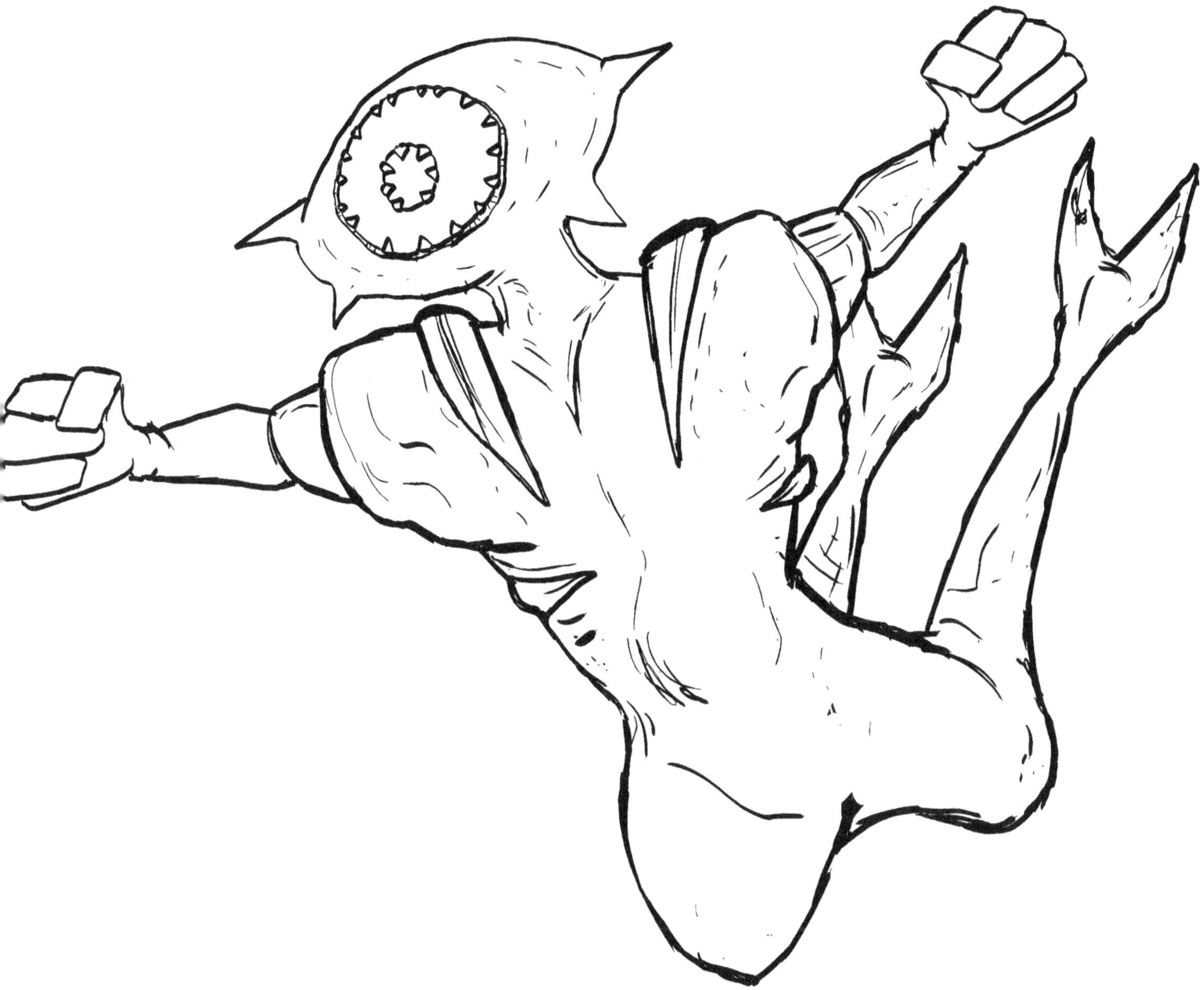

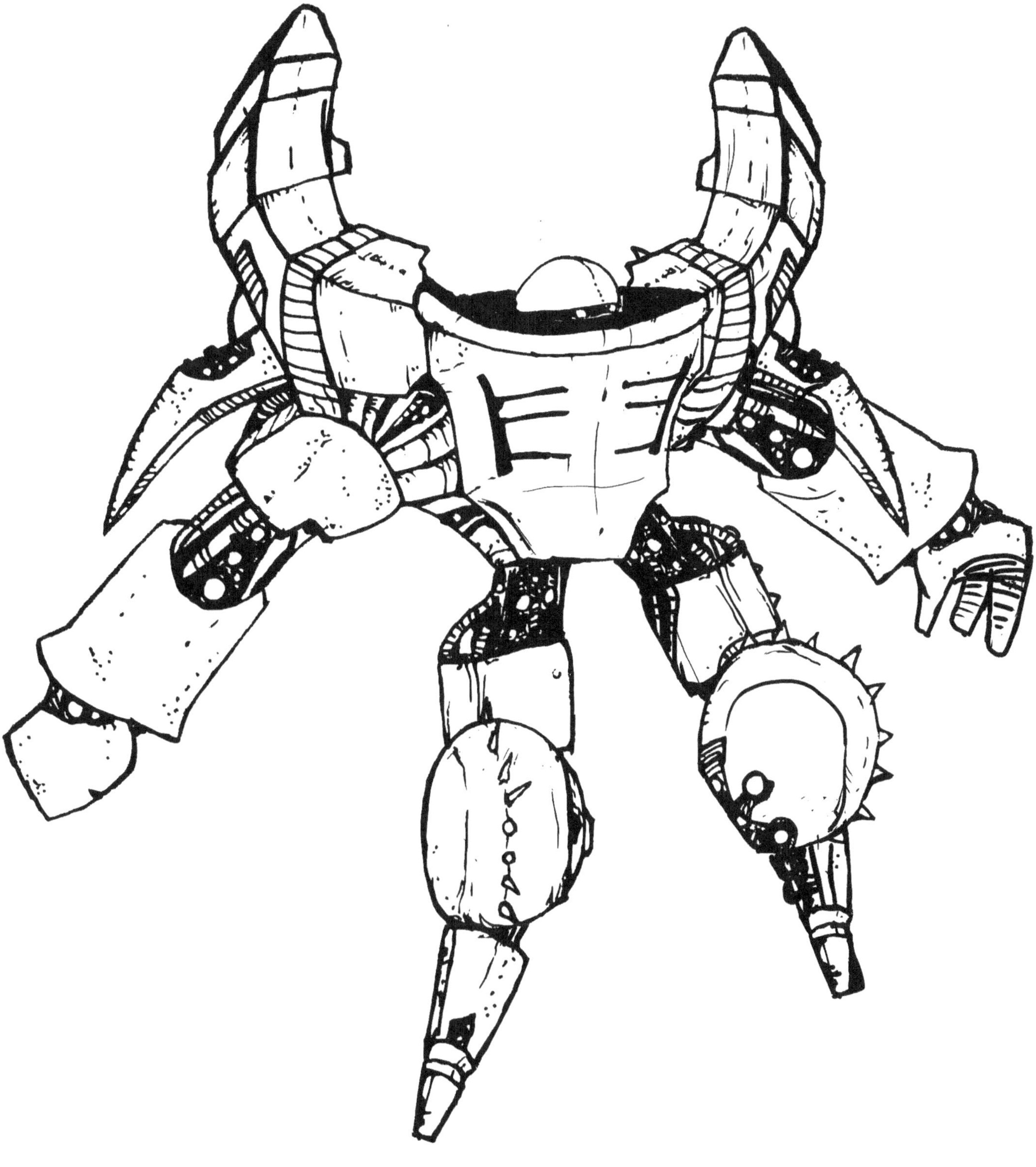

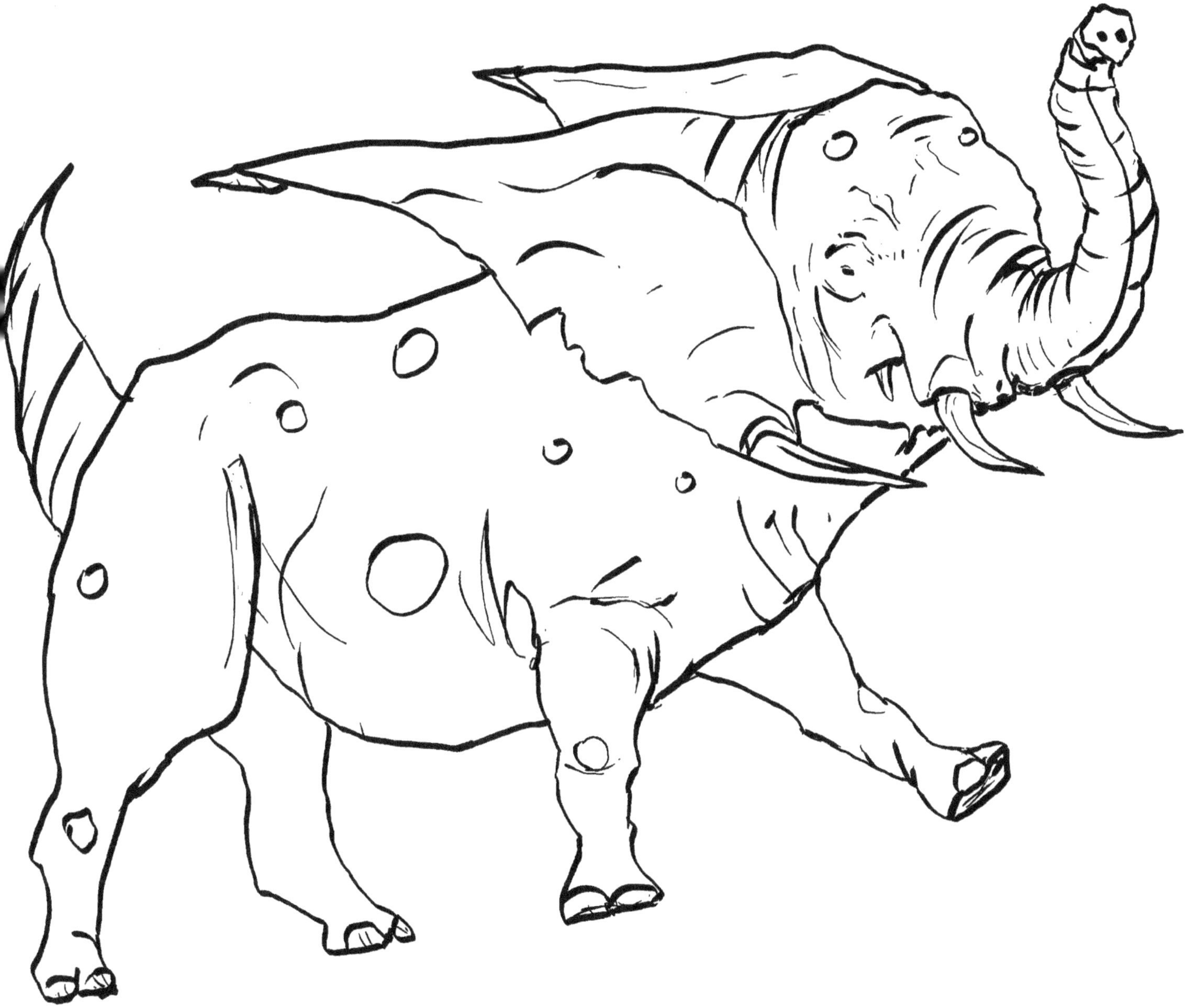

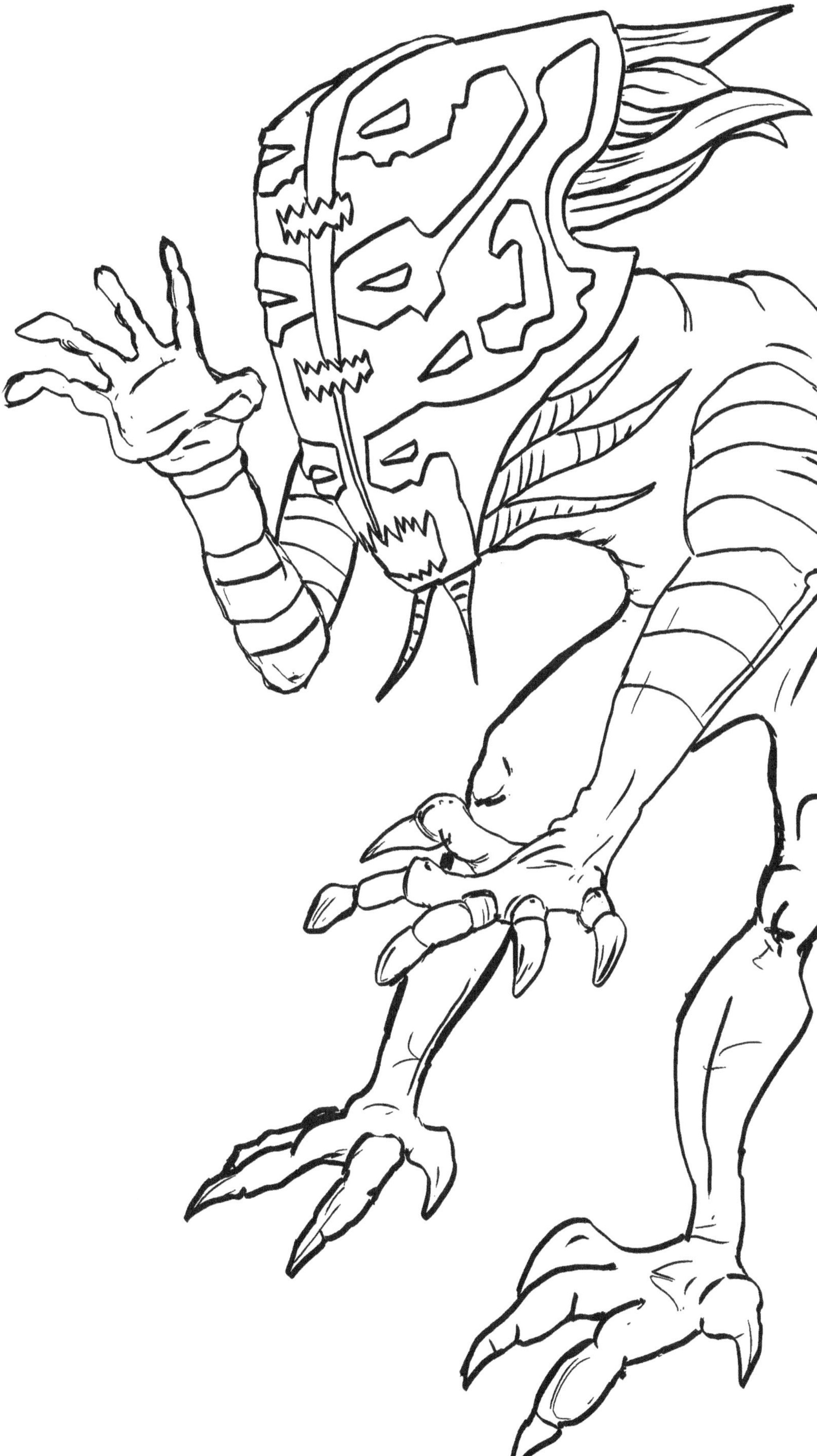

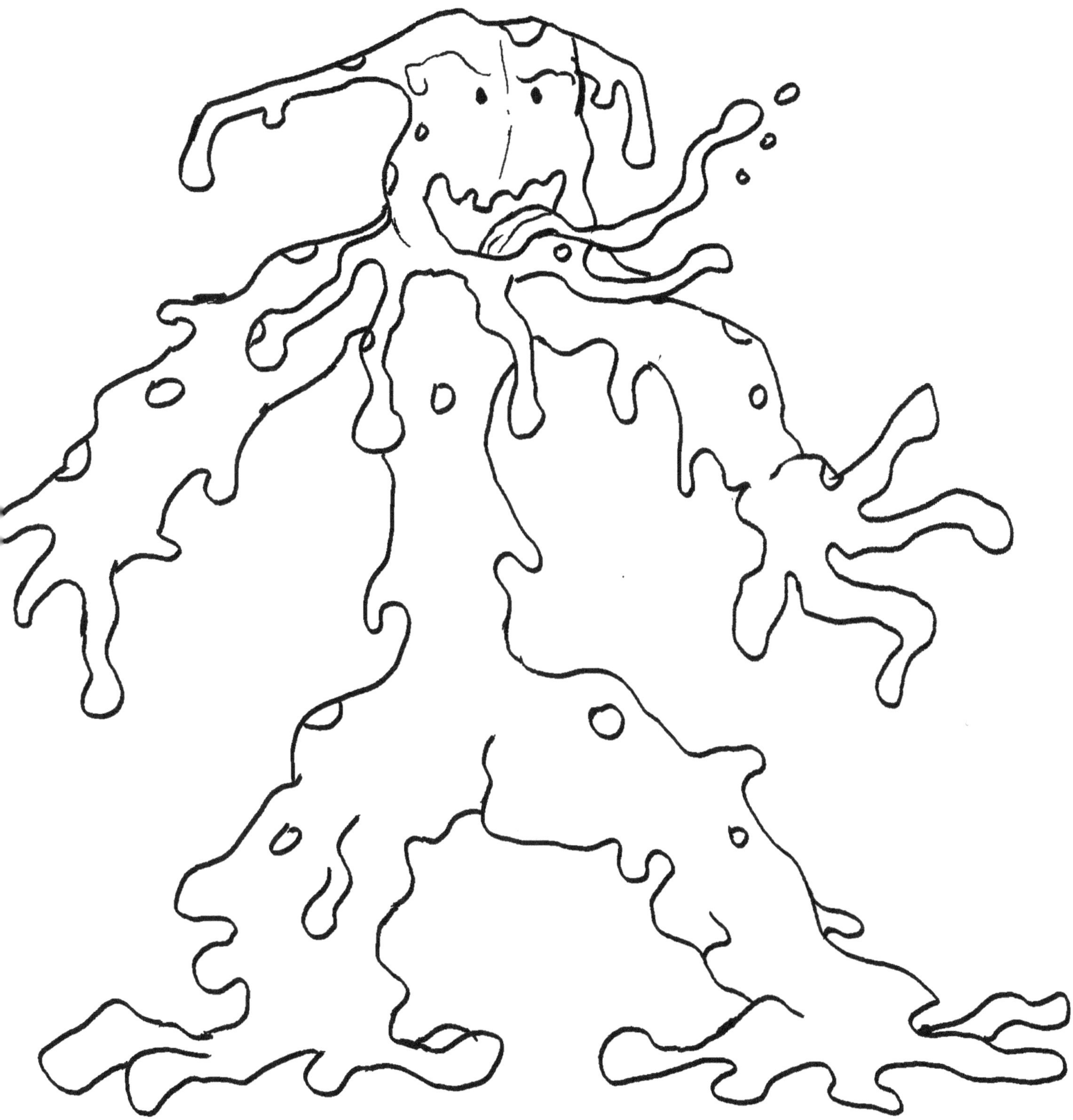

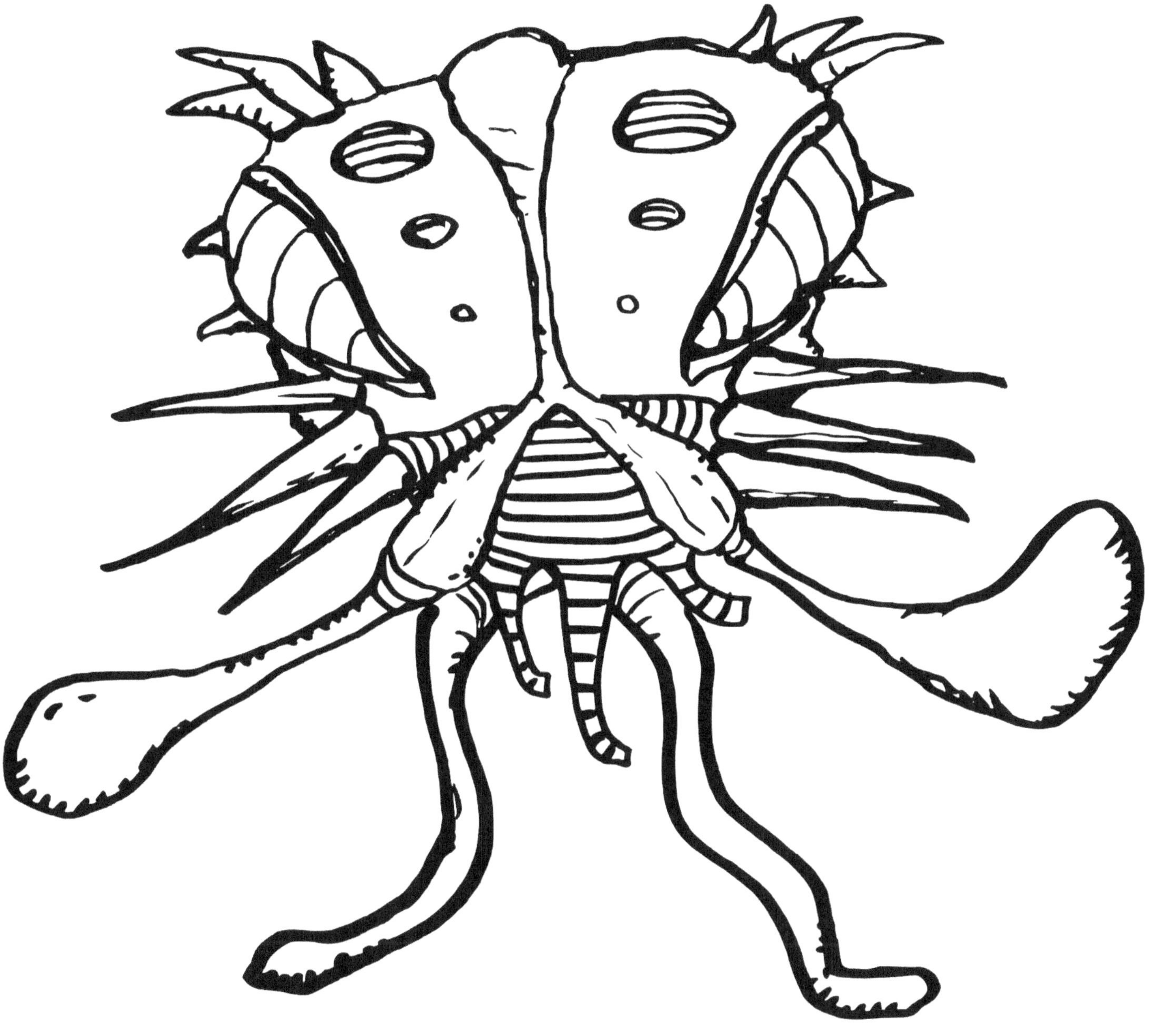

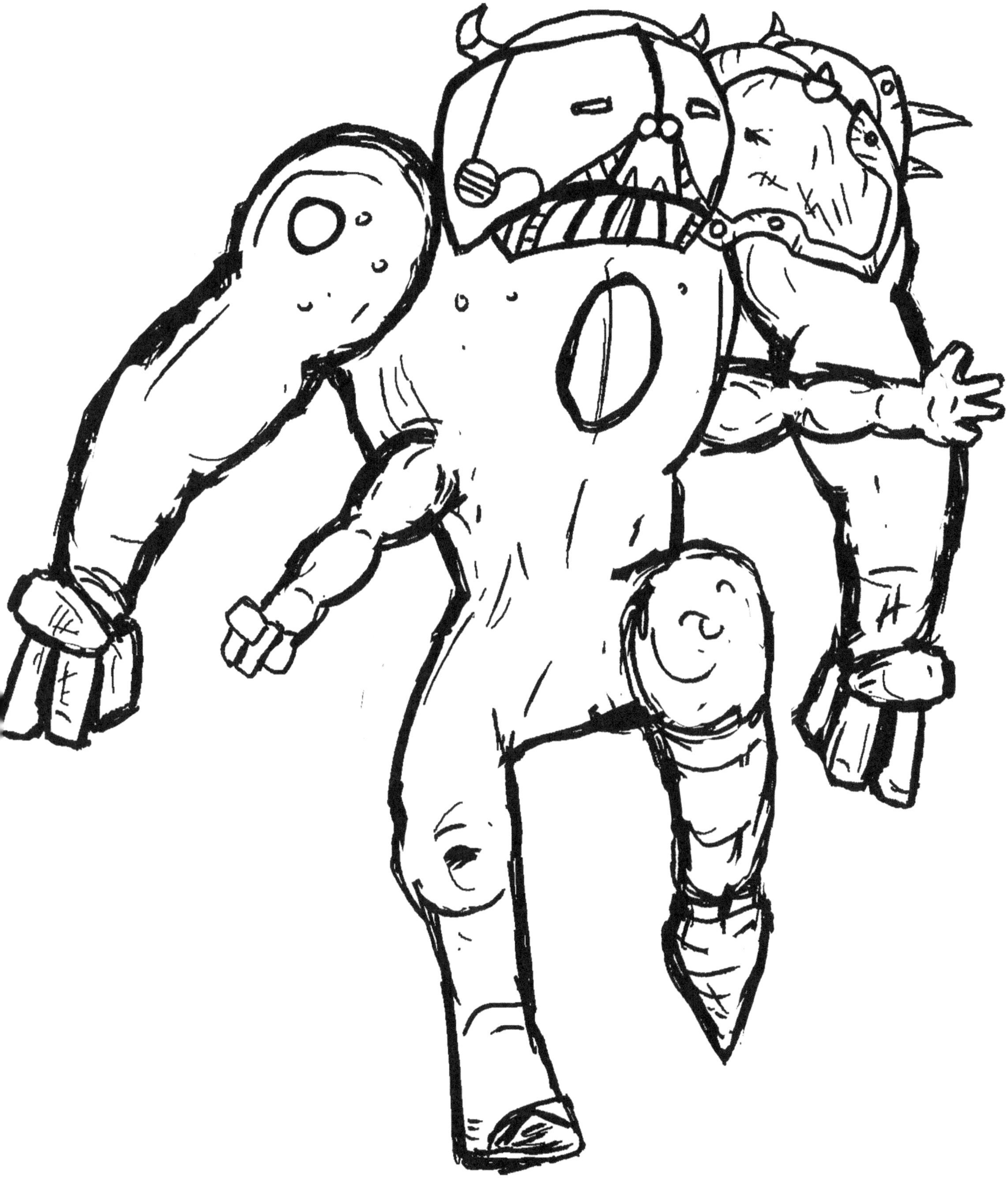

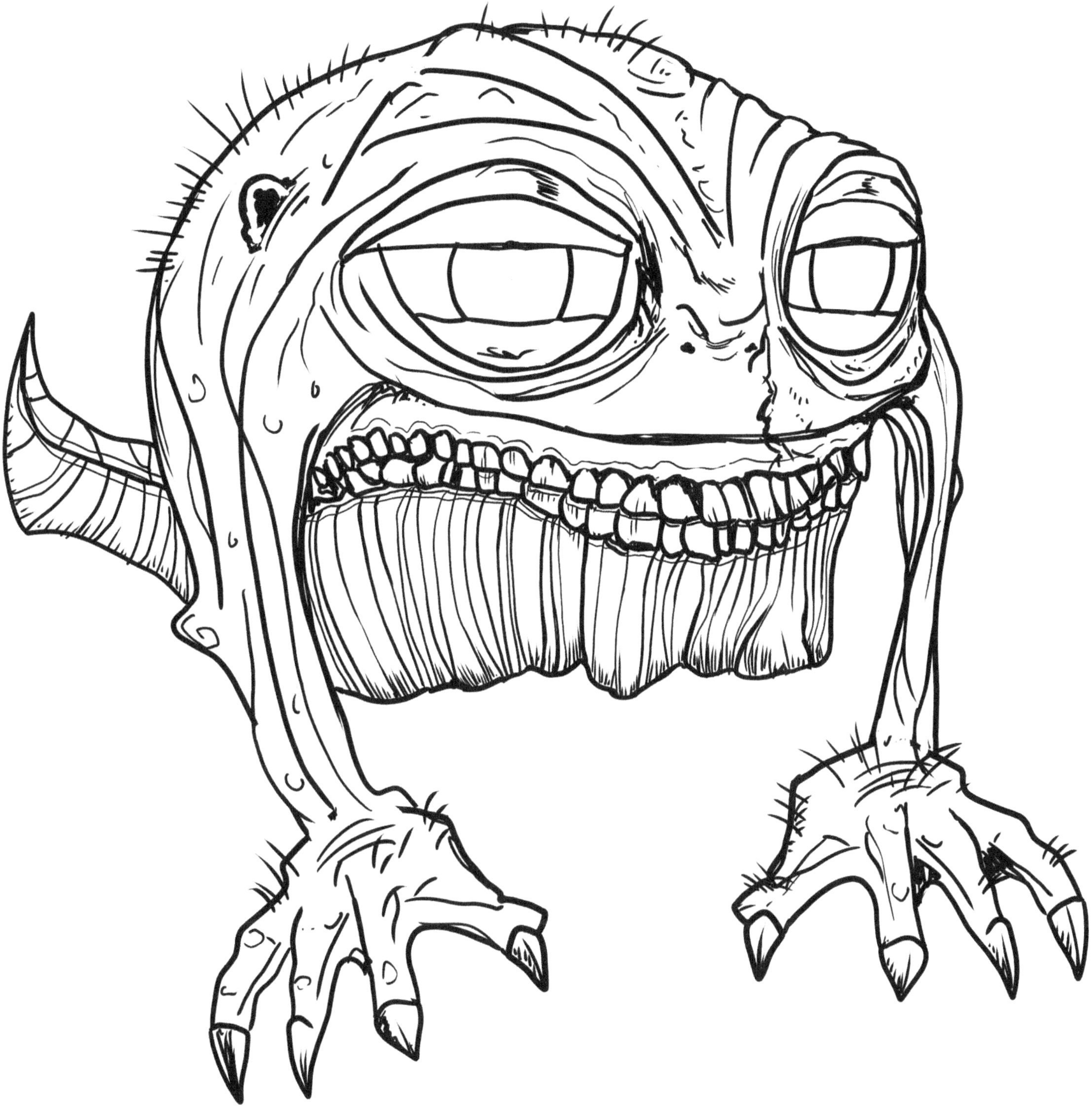

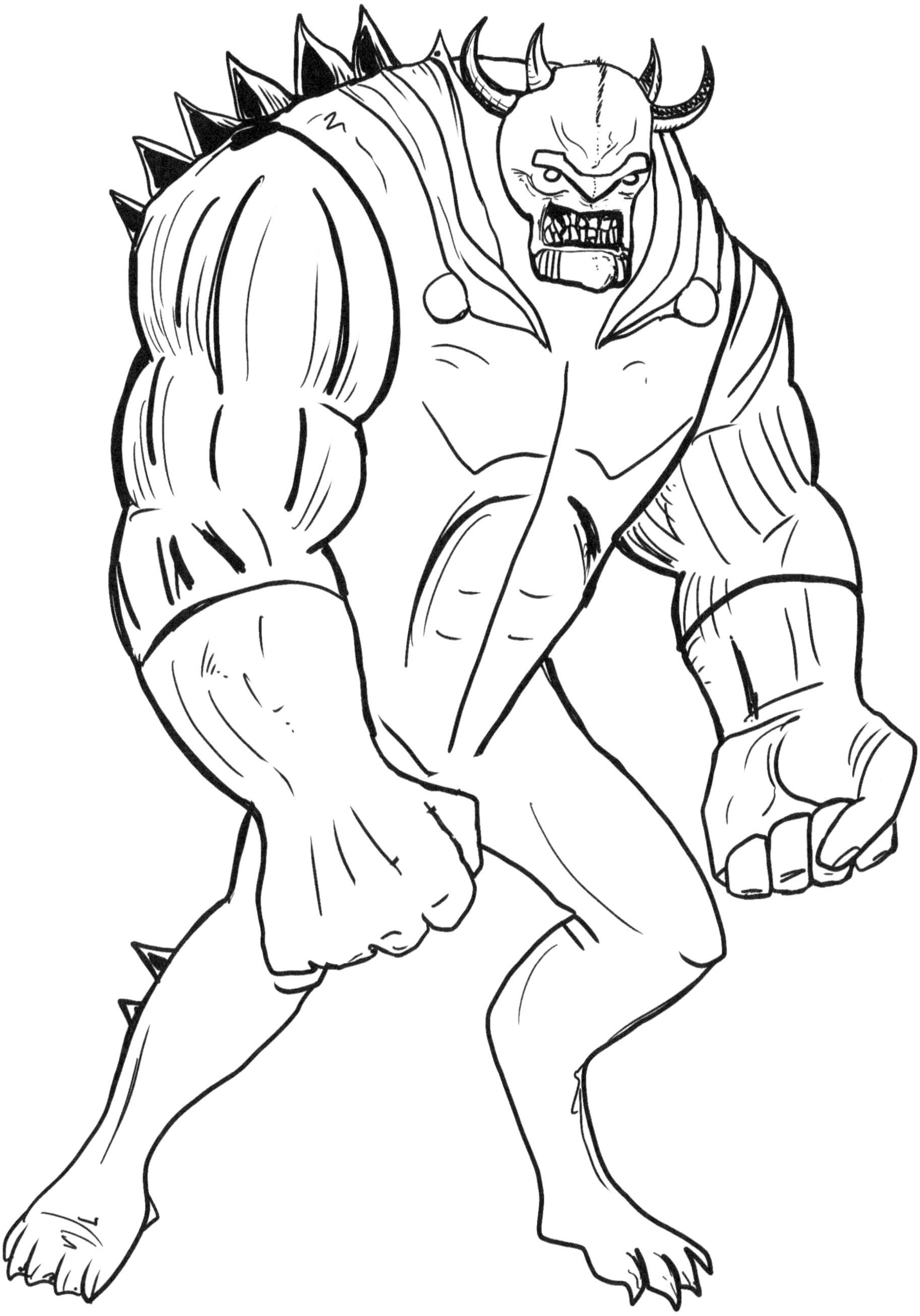

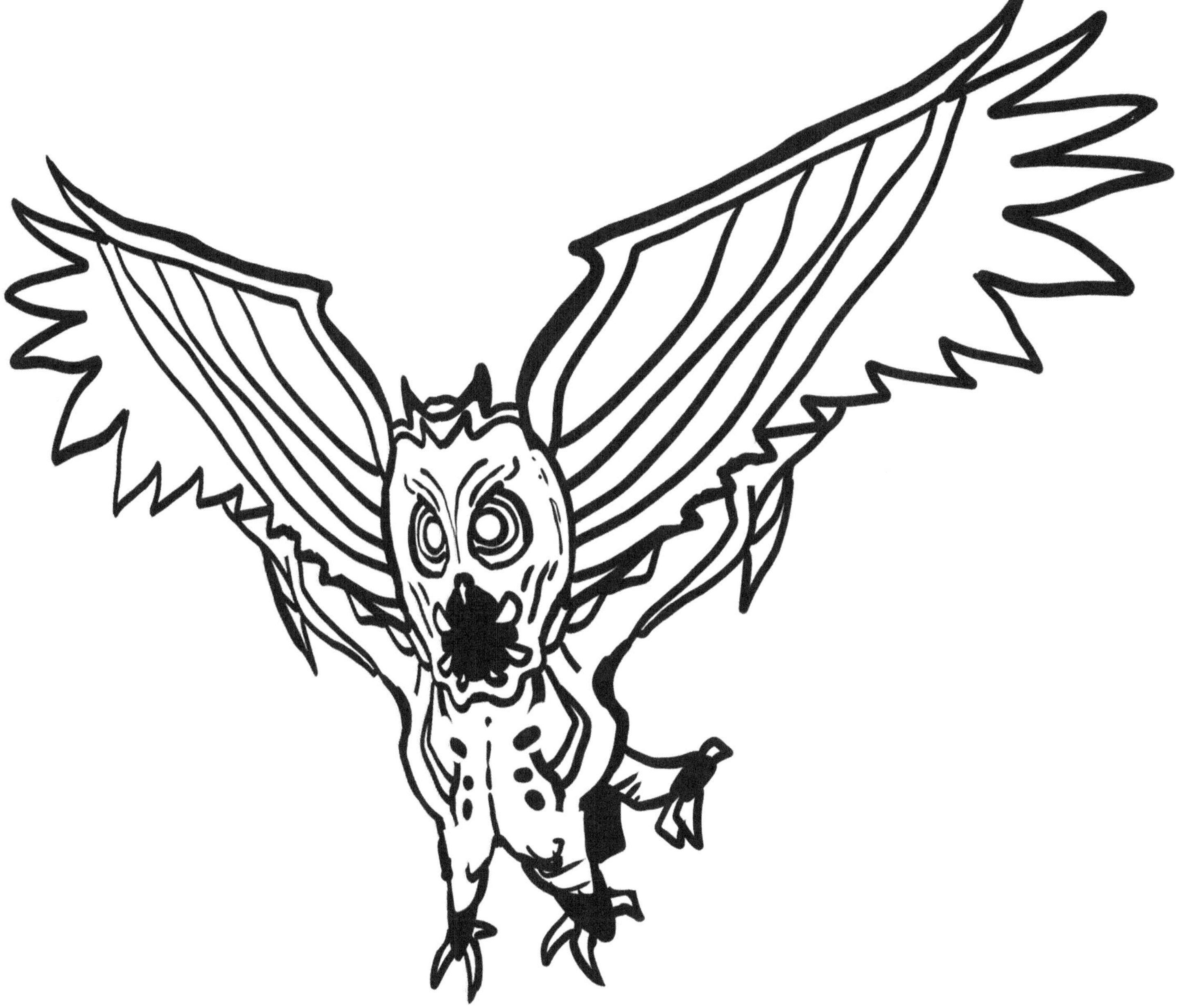

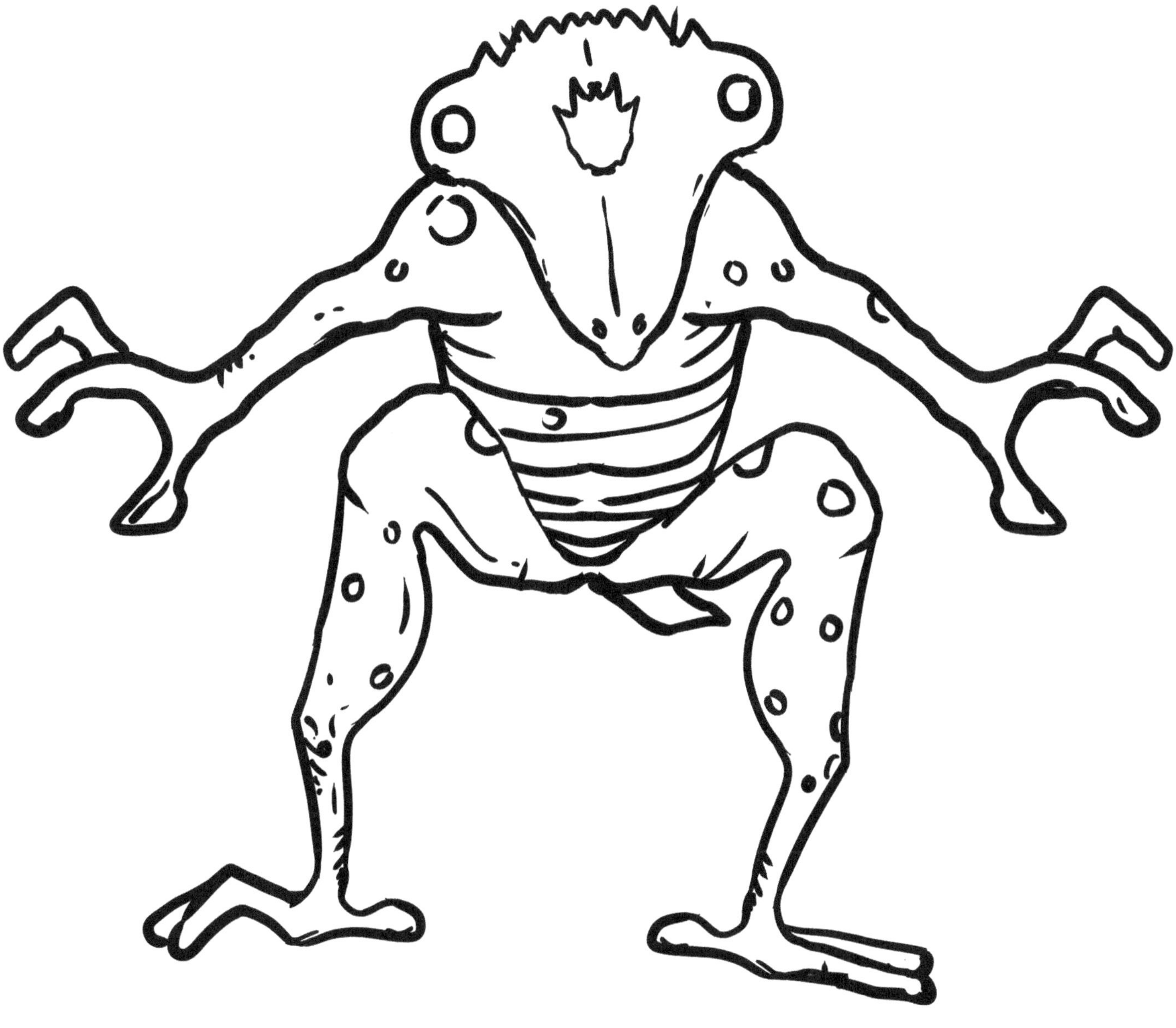

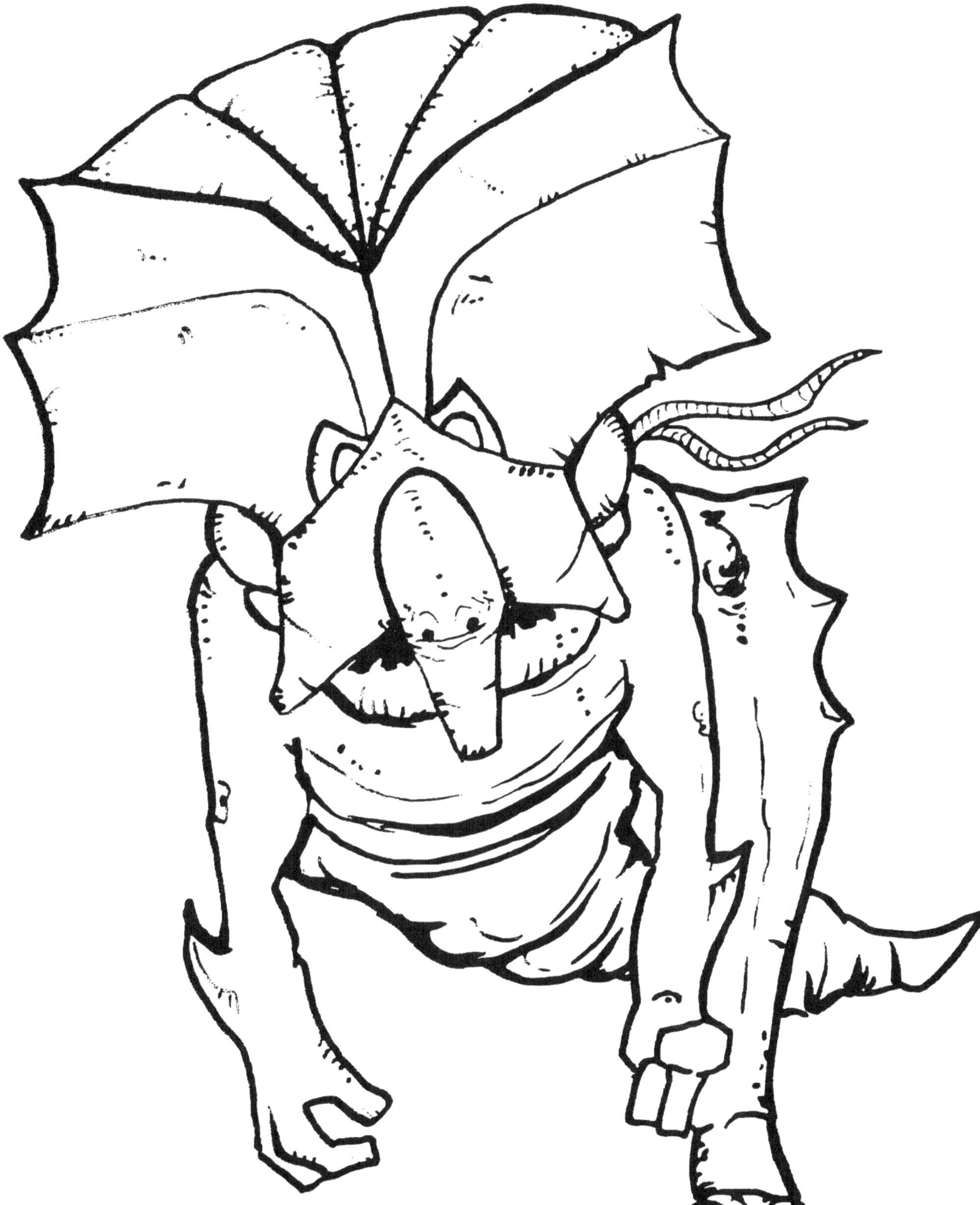

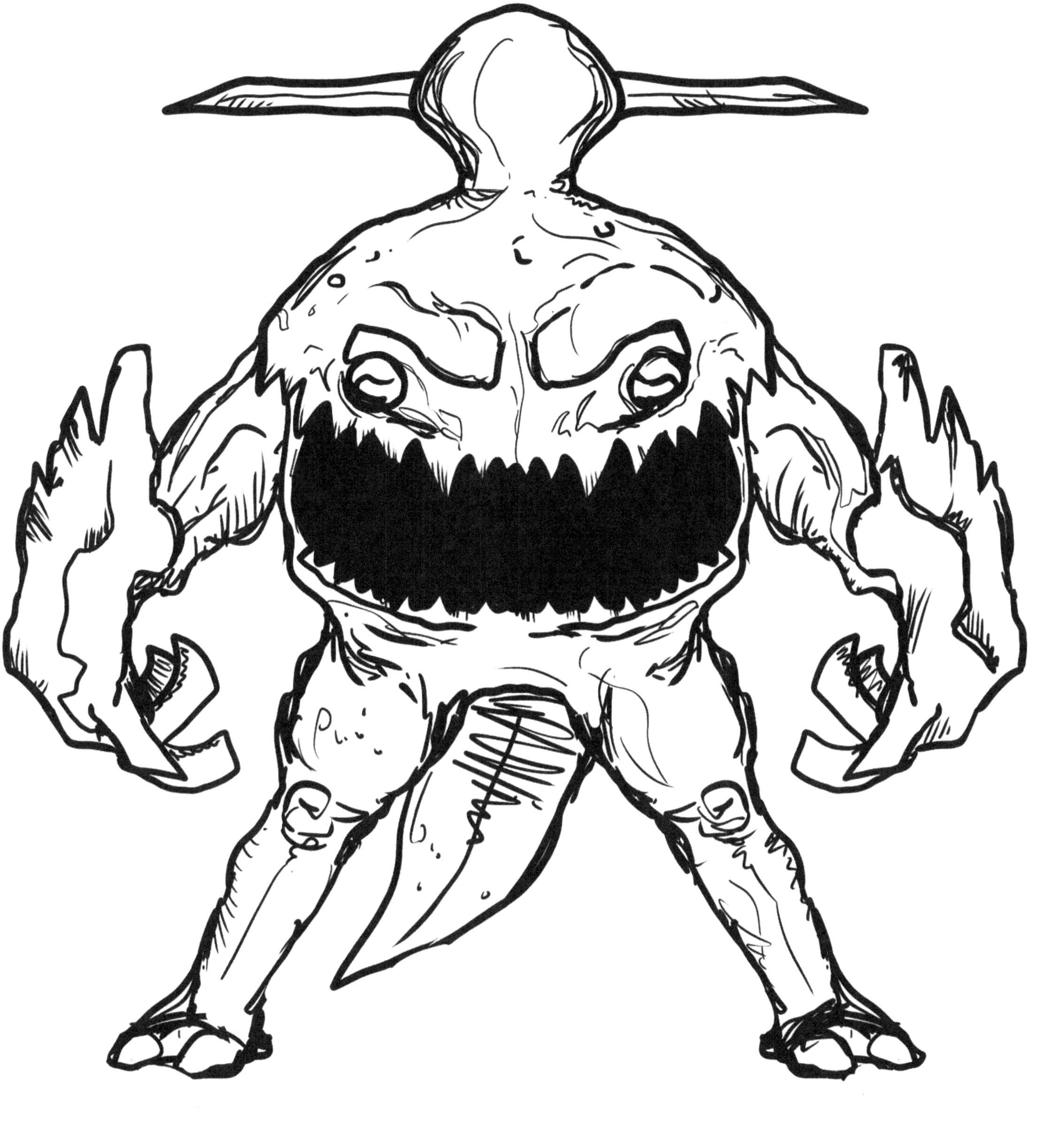

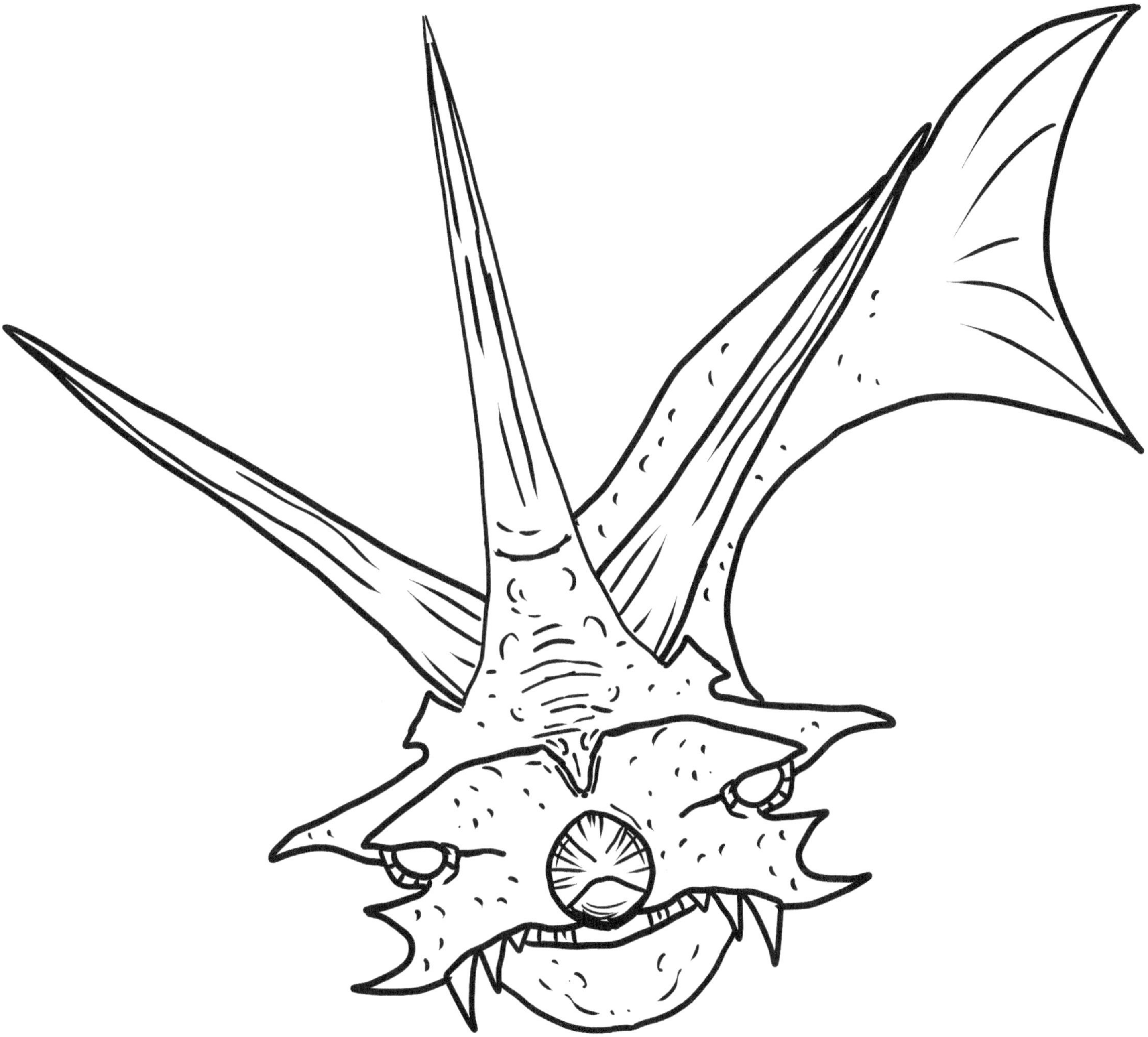

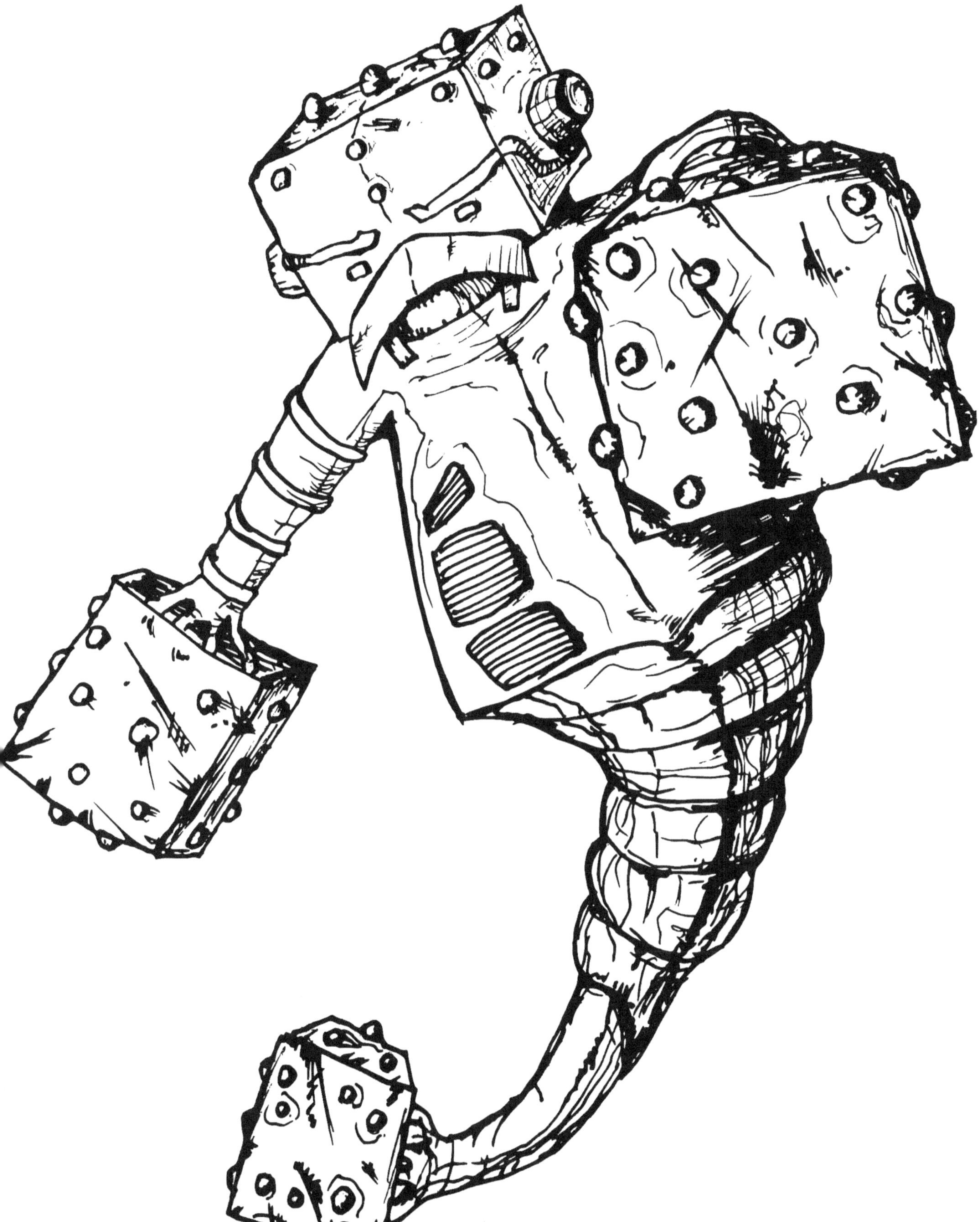

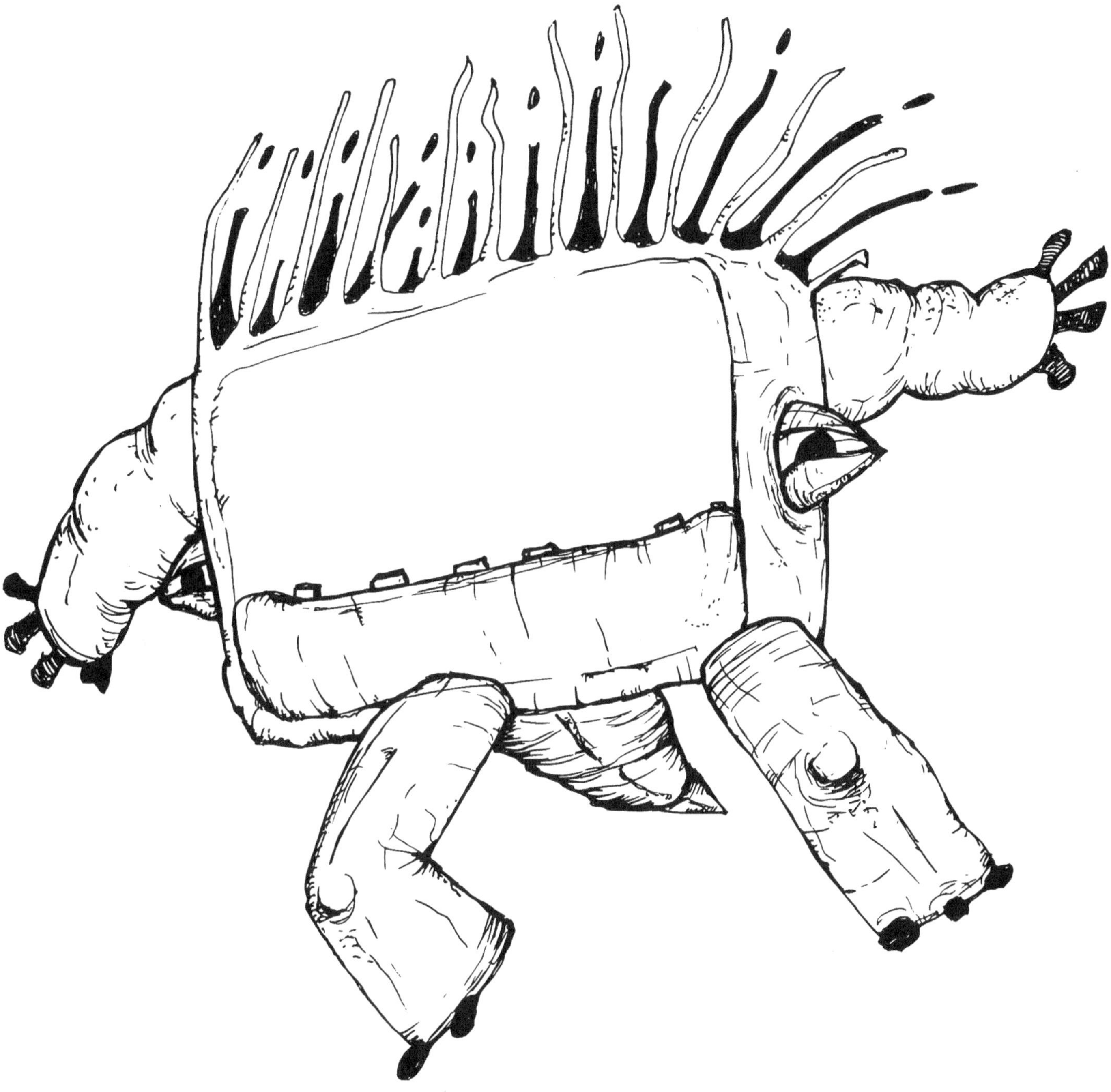

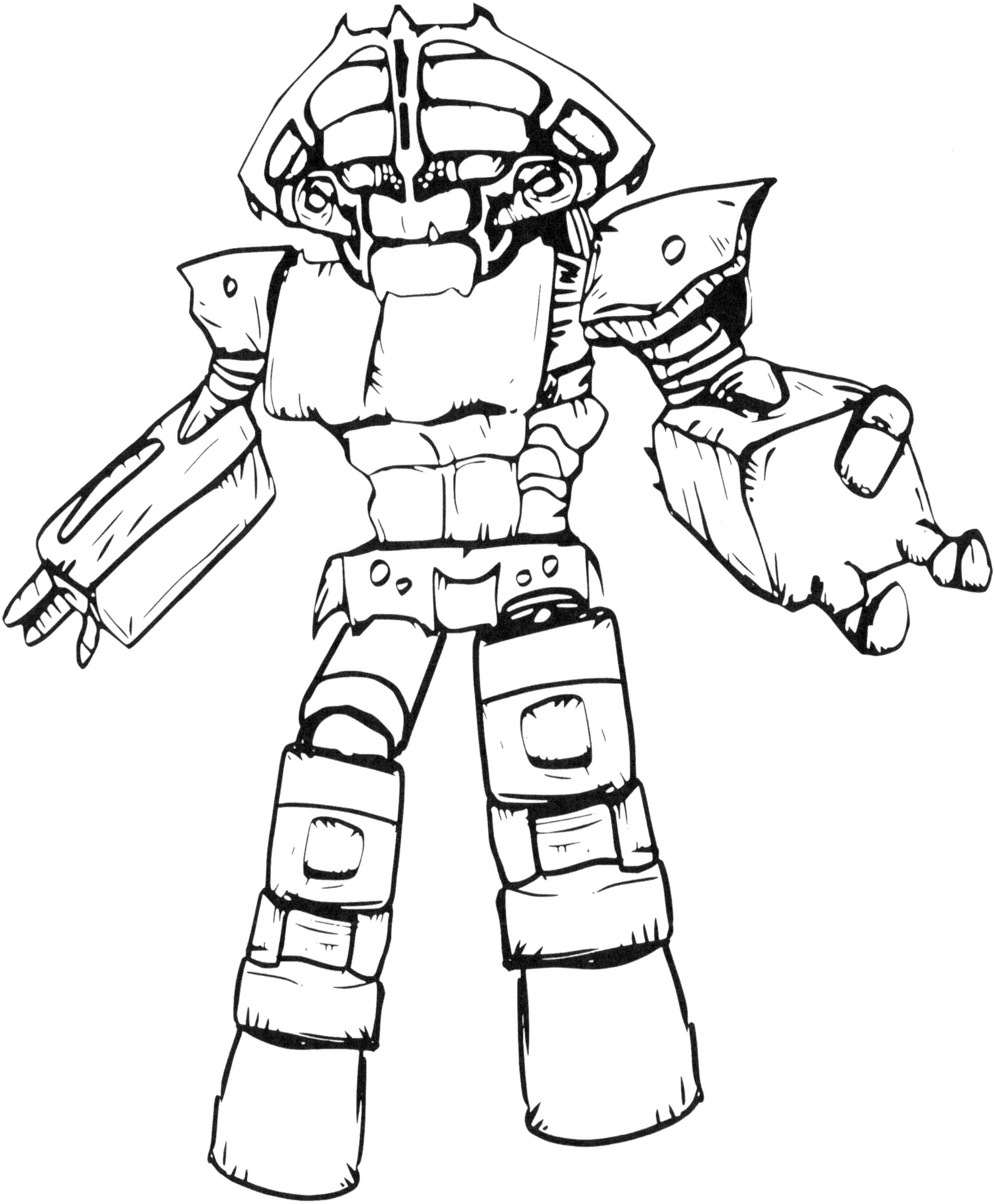

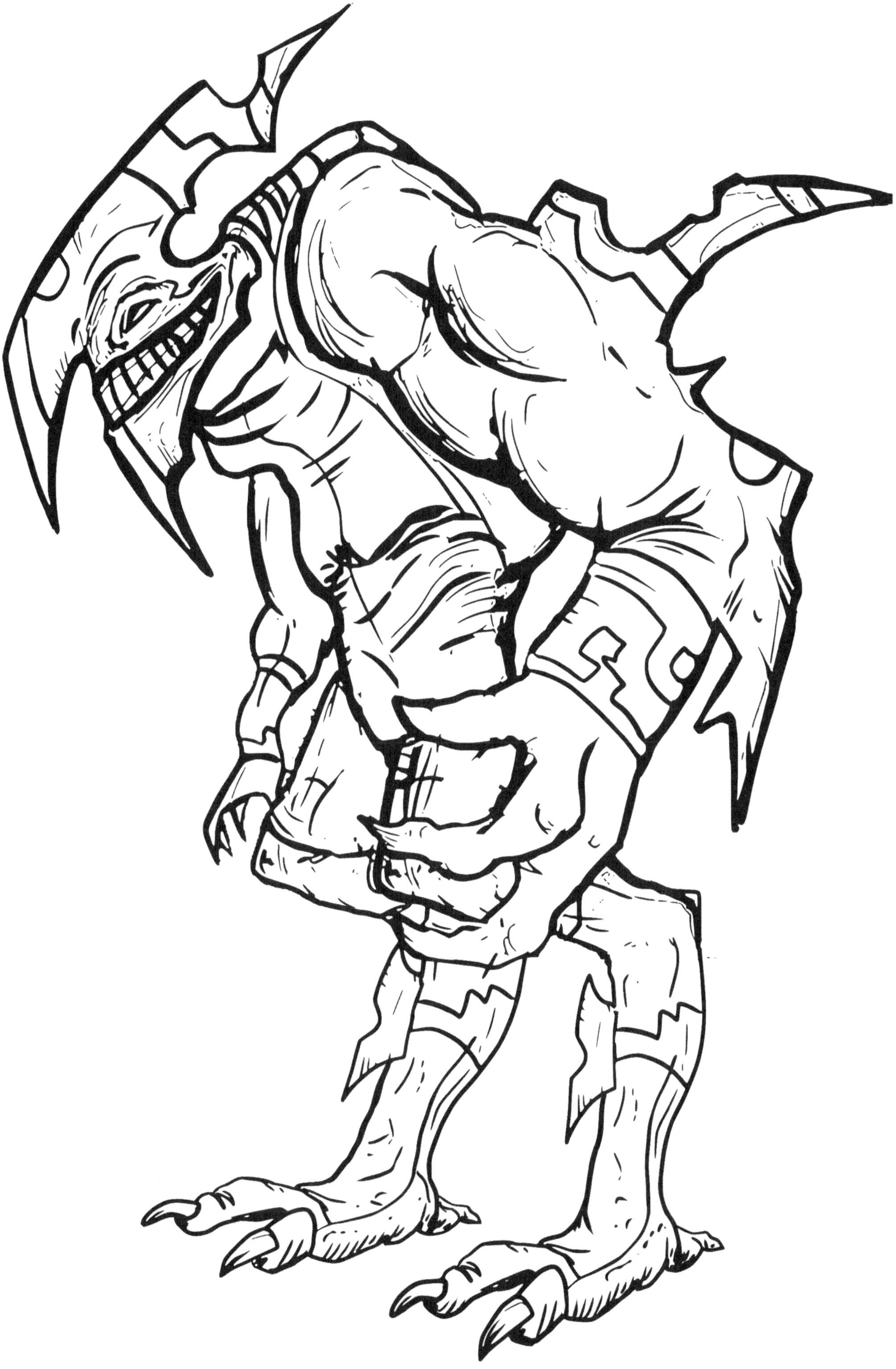

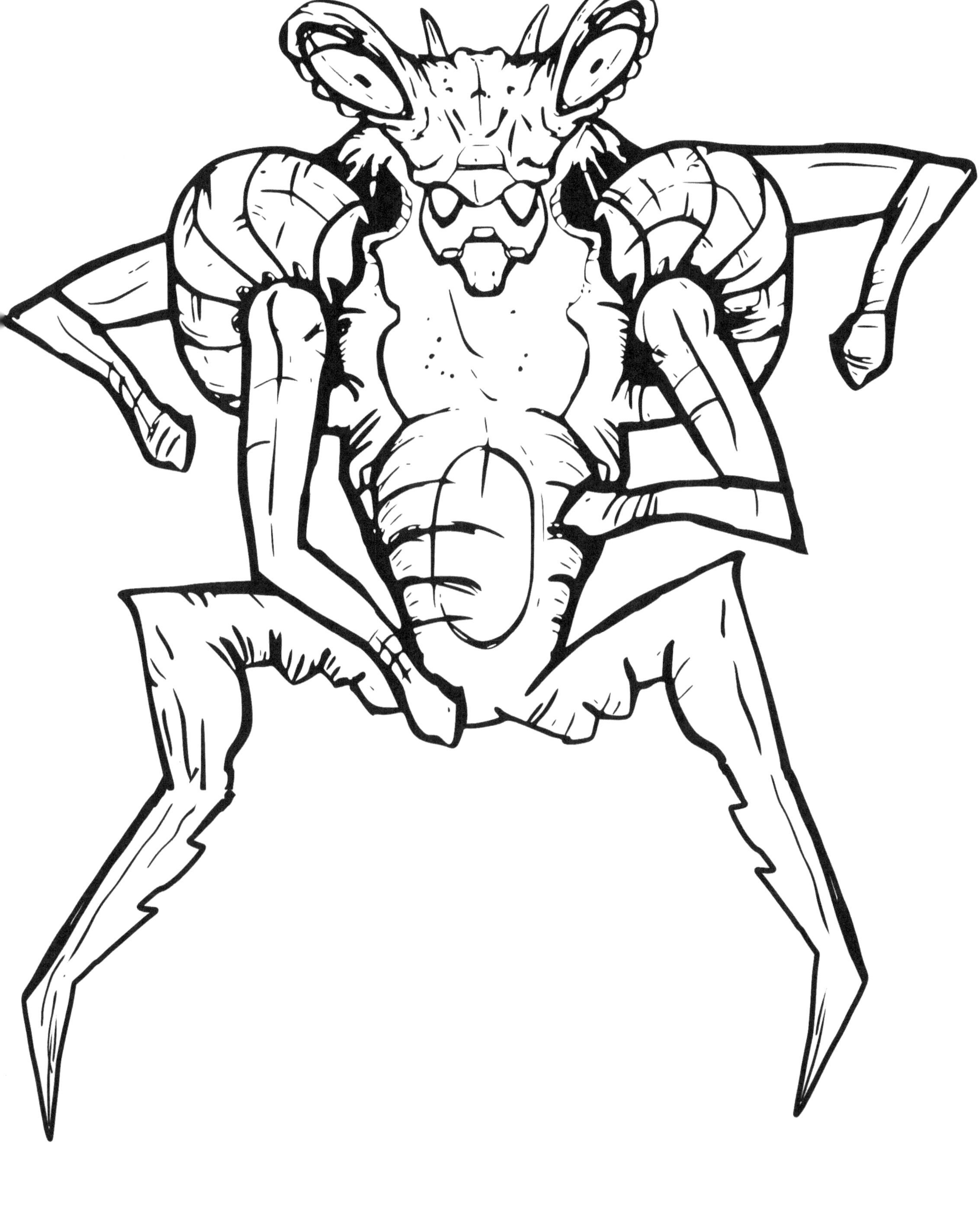

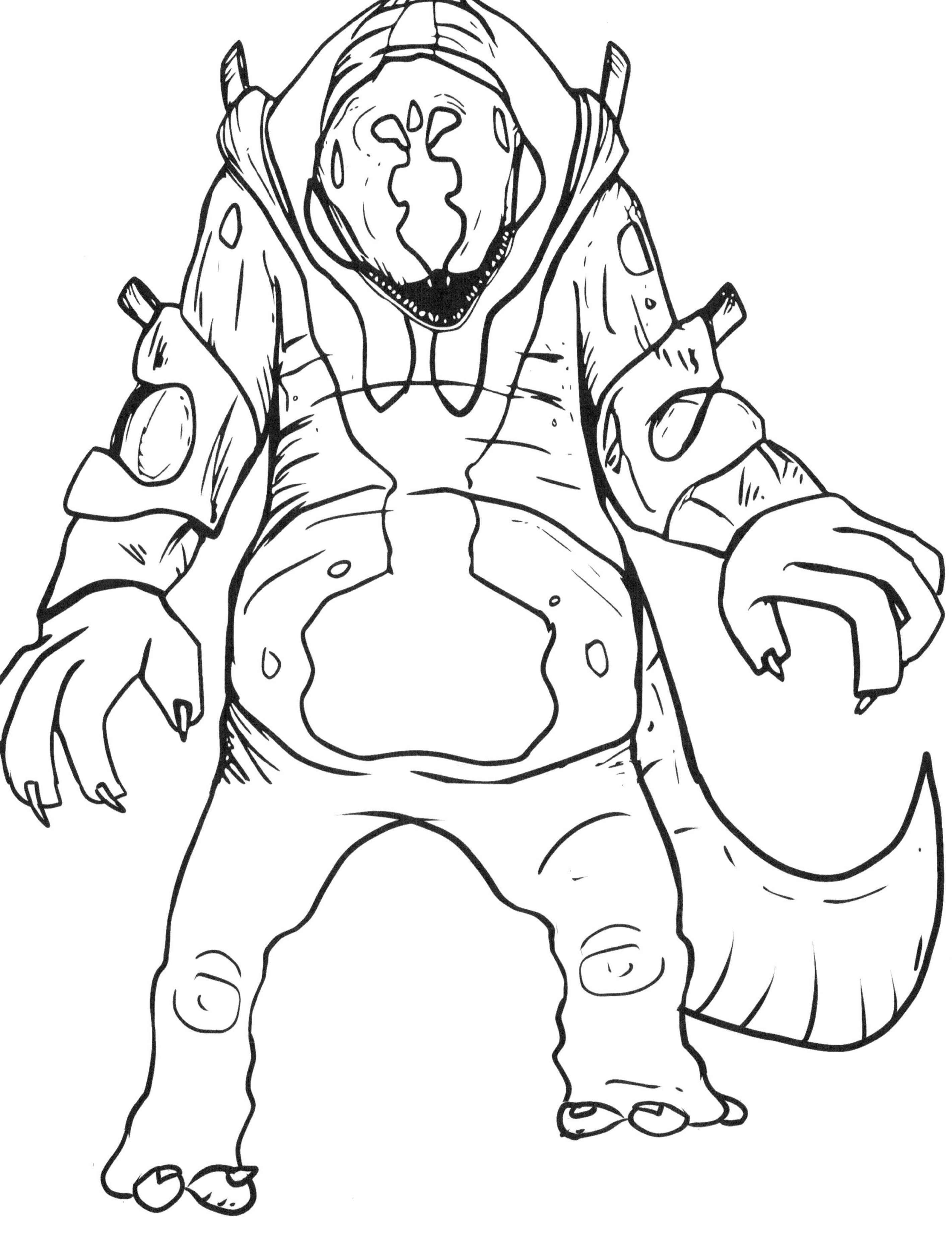

www.ingramcontent.com/pod-product-compliance
Lightning Source LLC
Chambersburg PA
CBHW062113220526
45471CB00010B/3716
* 9 7 9 8 3 2 3 3 1 5 3 2 1 *